JN065502

豊かな学びを実現するためのアイデア

山﨑洋介＋山沢智樹　教育科学研究会 編

旬報社

子どもたちの多様性を祝福する場所

鈴木大裕
教育研究者・土佐町議会議員

　「教育」というものを、自然界における生命の営みとして今一度とらえ直さなければならない——そう訴え続けたのは、教育学者の故 大田堯先生でした。命あるものなら誰しも、学ばなくては生きていけない。そして、それは「ちがう、かかわる、かわる」の繰り返しなのだと大田先生は言います。命あるものなら、ただ一つとして同じものはない。それが他者と出会い、様々な刺激を受け、世界に唯一無二の「私」に気づく。そして、他者とかかわる中で折り合いをつけていく。それが生きるということであり、学ぶということなのだ、と。

　学校には、実に様々な子どもたちが集ってきます。教師が一人ひとりの違いに丁寧に寄り添い、かかわる中で、そこに集った子どもたちの多様性を祝福する。それが学校のあるべき姿なのではないでしょうか。

　それなのに、日本の教育は点数競争に明け暮れ、子どもを数値化して一斉評価し、一人ひとりの個性を削ぎ落としてきました。今では「個別最適化学習」の名の下に、教育現場へのAIの導入も始まっています。これには、何を今さら、と憤りすら感じます。優秀な教師はずっと昔から「個別最適化学習」をしてきたのです。もちろん、子どもたちがひしめく教室でそれを行うのは至難の技。だから、そのような指導が一般的に起こり得るような、若く経験の浅い教師

でも一人ひとりの違いに丁寧に寄り添い、響き合えるような、そんな深い人間関係を可能にする教育環境整備が必要なのです。それなのに、行政はこれまでどれだけの投資をしてきたのでしょうか。

　あなたの国ではどのように教員を評価しているのか、と尋ねられたフィンランド元教育省長官のパシ・サールベルク教授の言葉を思い出します。「私たちがどうやって教員を評価しているかですか？話しもしませんよ。そんなことは私たちの国では関係ないのです。その代わりに、私たちは『どのように彼らをサポートできるか』を議論しますよ」ここに見られるのは、いわゆる費用対効果という「結果責任」の議論の枠組みに囚われた質問者と、「政府の投資責任」という枠組みの中で考えるサールベルクとのパラダイムのズレです。

　振り返れば、少人数学級制を求める議論は、常にその「費用対効果」が足かせとなってきました。そこに欠如しているのは、「子どものためにやれるだけのことはやる」という次世代の教育に懸ける政治の覚悟なのではないでしょうか。

　新型コロナウイルス感染拡大で密を避けられない学校の安全面でのリスクに伴い、少人数学級制を求める運動は小学校における35人学級を勝ち取り、一歩前進しました。しかし、安全性という点で言えば、中学校も高校も同様の問題を抱えているわけで、何の解決にもなっていません。また、そもそも35人学級というのは先進国ではもはや「少人数学級」と呼べるレベルでもないのです。

　このように、少人数学級を求める会話はまだ動き出したばかりです。問題は、ようやく動き出したこの会話をどう続けていくかです。この本が、少人数学級に「効果があるかないか」という二項対立を超えて、子どもの教育と真摯に向き合う政治の覚悟を問う会話へのきっかけとなりますように。

まえがき

　なかなか動かなかった少人数学級制への門扉が、ようやく開き始めました。繰り返し上がっていた開門を求める声は、コロナ禍において切望へと高まりました。休校明け時に感染防止のため行われた「分散登校」は、20人以下学級の大規模な社会実験の場となりました。その体験は、今までの教室環境がいかに異常であったのかを再認識させ、少人数学級が、単に三密回避のためではなく、ゆとりある豊かな教育を実現するために必要不可欠な教育条件であることを、私たちに悟らせました。大勢で競い合い、刺激しあってこそ、子どもはたくましく育つという「切磋琢磨」教育論は、学校教育のある場面では成り立っても「少人数学級制実現」を阻む論拠としては完全に崩壊しました。やっぱり少人数学級制だ！　もっと少人数学級制を！　という声が、今、日本中に満ち満ちています。

　少人数学級制を求めるうねりのような世論により、多くの教育関係団体が要望し、市民からの要求署名が集まり、地方議会から意見書が上がり、与野党問わず要望決議がなされ、とうとう文科省が2021年度予算要求で30人学級制を求めるに至りました。しかし、そのための巨額な財政負担の費用対効果がはっきりしないという理由で、これまで開門を拒んできた財務省が、またもや門扉の全開は許さないと立ちはだかりました。本書の刊行時点〈2021年2月〉では、公立小学校のみ全学年で35人学級制を、5年間かけて実現する内容での義務標準法改正案と予算案審議が行われています。法改正により約40年ぶりに小学校全学年での35人学級制が実現されようとしていることは、その面では画期的な前進だといえますが、その規模もスピードも不十分なものであり、満足のいく内容ではありません。

　本格的少人数学級制の実施は、学級の子どもの人数を少なくする

ことで、感染防止の効果だけでなく、ゆとりある、一人ひとりを大切にする教育を実現することになります。それにとどまらず、教職員の長時間過密労働や、教職員の非正規化進行といった教育界の懸案を解決することで、現在の学校教育のありようを抜本的に改革し、教育の未来を拓く可能性をもっています。本書は、そのことを広く示すために編まれました。

　第1章では、全国各地の教育現場の実態をもとに、少人数学級制を求める先生や保護者などのリアルで切実な声を紹介します。

　第2章では、22万筆以上の署名を集め政府に提出された「少人数学級化を求める教育研究者有志の会」の活動を紹介しつつ、日本の教育になぜ少人数学級制が求められているのか、教育的にどのような可能性をもっているのかについて述べます。

　第3章では、複雑でわかりにくい学級編制のしくみや先生の数の決められ方などの法律や制度を、わかりやすく解説します。

　第4章では、20人以下学級を実現するためには、現在どのような課題があり、それをどのような内容に、どうやって変えていけばよいのかを提案します。

　第5章では、各章をまとめるかたちで、少人数学級制を前進させることの意義を再確認し、そこから紡ぎ出される教育実践や学校づくりの方向性を示します。

　本書が、ようやく開きかけた少人数学級制の門扉をさらに開き、日本の教育の未来を切り拓いていくための議論やとりくみの力となることを願います。

目　次

第1章

少人数学級を
求める全国の声

板橋由太朗　東京都公立小学校主幹教諭
<ruby>板橋<rt>いたはし</rt></ruby><ruby>由太朗<rt>ゆうたろう</rt></ruby>

誰のための40人学級

▓ 足りないロッカー

　今から10年ほど前のことです。初任校で3年目を迎えた年でした。前年度に6年生を34人卒業させ、新たに3年生36人の担任となりました。学習内容は当然6年生のそれに比べれば簡単ではありますが、音楽専科が無く、高学年ではあった家庭科専科も家庭科が無いため、持ち時数は増えました。そして前年度の6年生は4クラスで学年の仕事も4人で分担していましたが、この学年は3クラス編成。学年の仕事も前年より多くなりました。

　その年の1学期中だったと思います。1人、私のクラスに転入してきました。確か私のクラスだけ、他の2クラスに比べて児童数が少なかったからだったと記憶しています。さらにその年の2学期中だったと思いますが、もう1人増えました。学年の事情から、私のクラスに入ったのだと記憶しています。4年生に持ちあがる時もそのまま38人でした。

　4年生になって教室の位置も変わりました。新しい教室へ行ってみると、ランドセルなどを入れるロッカーが36人分しかないのです。学年主任とも相談して、本棚の一部を仕切って、ロッカーとして扱うことにしました。保護者や本人たちは了承してくれましたが、私としてはこの状況に違和感がありました。本当にこれでいいのか、と。教室に38人の人口密度は、4年生と言えど高いものです。教員1人が通るのにギリギリ

の机間、机間巡視をすれば机のフックから落ちる荷物、廊下のフックにもひしめく荷物、そして廊下に落ちる荷物……ただ生活するだけでも何かと起こる環境です。

　人口密度が高いということは子ども同士の距離も近いということです。そして人数が多ければ、視覚的にも聴覚的にも子どもには刺激が多いことになります。その刺激につい反応してしまう子もいれば、刺激に刺激で返してしまう子もいます。もちろん私の力量がまだ足りなかったこともあるでしょう。でもこんなに人数が多くなければ、お互いにこんなにしんどい思いもしなかっただろう、と思います。

　宿題チェック、テストの採点、掲示物の確認、パズルのような保護者面談計画作成、成績処理、所見……何もかにも全てが38人分。片道90分、電車とバスに揺られて土日のどちらかは出勤していました。そうでなければ、終わらなかったのです。あの頃、特に学期末、職場では私が19時過ぎに出前を取りまとめる係りを自発的に行っていました。個人的な反省でもありますが、あの時困っていた（私もどうしたら良いか困っていた）クラスのあの子は、ああしてあげれば……と今なら思います。でも当時はそんな余裕はありません。2学期までにはさらに1人転入してきてクラスはついに39人。その秋には不眠に陥り、学校に行かなければならない責任に反発するように身体は思うように動かず、最寄駅から5千円かけてタクシーで向かう日々でした。病院にもかかり、服薬をしながら日々を乗り切っていました。

■ 変わらぬ10年

　あれからおよそ10年経ちました。組合はそれ以前からも、この10年の間にも、少人数学級を訴え続け、活動し続けてくれました。私も全教青年部での活動を通して、青年教職員の自己負担問題や部活動問題、パ

ワハラやマタハラに関する取り組みに関わってきました。現場の悲痛な声がようやく社会に届き、学校現場はブラック企業のようだと、広く知れ渡るようになりました。社会全体の「働き方改革」の波が、学校現場にも入ってくるようになったと、希望を見出し始めたところでした。

　ですが今の学校現場をもう1度見つめなおしてみて、誰も早く帰れてはいないように見えます。10年前と何が変わったというのでしょうか。意味があるのかないのか、出退勤のカード打刻。正規の教員は増えない代わりに、立場と業務内容の線引きがわかりづらい新たな職種の人々。何もしていない、のではないかもしれませんが、一方で十分な働き方改革になっているとも言えないほど、超過勤務の実態は何も変わっていません。改善されていません。私の妻も小学校教員ですが、19時前に何とか帰ってくるものの、自転車で片道10分も無い距離の通勤でさえこれであり、かつ家での持ち帰り仕事も珍しくありません。家に帰れば2児の母である妻は、幼い我が子の相手もしながらまだ仕事を続けているわけです。

　なぜここまで変わらないのでしょう。私は初異動の2校目、5年目から特別支援教室（情緒障害等通級指導学級）の担任となり、通常学級から少し距離をとったところにいます。そこから見えるのは、スクラップのない「ビルド＆ビルド」です。私が通常学級担任でなくなってからのおよそ10年の間に、私は経験していない「〇〇教育」がいくつも生まれました。ガン教育、プログラミング教育、オリパラ教育、キャリア教育……それだけではありません。道徳の教科化、小学校での英語、学習指導要領改訂から評価の観点の改訂、OJT、ICTの活用……各地域の細かいものまで言えば、枚挙に暇がなくなるでしょう。ちょっと時間に余裕ができたら新しいものを突っ込まれる、いや余裕が無くても新しいものを突っ込まれ続けてきているからだと思います。

■ 少人数学級が実現して困る人はいないはず

　昨年度のことです。私が保育園へ娘（当時2歳）を迎えに行き、家まで帰ってきて自転車から降ろした時、「お父さんおそすぎー、お仕事おそすぎー」と言われました。私は当時の職場の中でも、いやこの業界の中でも早めに出ている（18時ぐらい）方なので、勝手に「お迎えが早い」という自負がありました。しかし保育園の娘のクラスの子は、みんな帰った後で、最後の1人でした。いつもの光景ではあったものの、それでも私は早い自負があったので、「この子から見たら、遅いんだなぁ……」と、多少のショックとともに受け止めました。「ゴメンね、いつも遅いね」と返すと「お父さんの学校おそすぎー」とダメを押されました。

　もし少人数学級が実現すれば、困っていたあの子のことをもっと対応できたかもしれません。困っていない子にもより楽しい時間を提供できるかもしれません。新しく入ってくる仕事にももっと対応できるかもしれません（対応すべきものかは別途検討が必要ですが）。そして教職員の家庭、子どもももっと幸せに過ごせるかもしれません。今、少人数学級実現がこの10年の中でも最も近くにあると感じます。それでもまだ、遠くにも感じます。全ての子どもたちと教職員にとって、良いことでしかないはずなのに。

たかはしこうへい
高橋公平　北海道江別市小学校教諭

少人数学級の
経験から考える
学級規模縮小への想い

▓ 小規模複式校と、中規模校の経験から

　私は教職17年の中で、中規模校での学級の児童数が28 〜 38人の中規模校と小規模複式校で勤務をしてきました。その経験の中から学級規模縮小について述べていきたいと思います。

▓ 旬な学びを、そのタイミングで

　私が勤務した小規模複式校は、札幌から車で約1時間の位置にあり、漁業・農業が基幹産業の街です。漁業関係の家庭3割・農業関係の家庭3割という生活背景でしたが、自分たちの身近にあるはずの産業や漁師・農家の仕事については、ほぼわからないという状況でした。そこで、3・4年生複式学級の総合的な学習の時間を核に、年間を通して街の産業を学ぶことにしました。その一場面を紹介します。

漁業の学習（2018年度）

　私は、ホタテ養殖の稚貝のかご移しの体験を子どもたちにさせたいと思っていました。しかし、天候によって漁や作業があるかどうか作業

があるかどうかが変わってきます。なかなか「この日に見学をお願いします！」ということにはいきません。そこで漁に出た日に電話をもらい、その日に港へ行き体験をさせてもらうことにしました。当日の朝にならないとどのような時間割になるか決まらないという1週間でしたが、柔軟な対応ができ、子ども達全員に体験をさせてあげられたのは、少人数だったからだと思っています。

子どもたちの感想から

● カッパを着てもすき間からから水が入ってきて冷たかったです。・・・ホタテの赤ちゃんを見て、あれを一つ一つ数えるのはすごいことだと思います。わたしがもらってきたホタテが1年とか、だいたい180日位たったものだと言うことは驚きました。あの大きさだったら70日くらいしかたっていないと思っていたからです。

● カップに18枚ホタテを入れるのに、すごく最初は時間がかかりました。でも最後は時間がかからずうまくできるようになりました。うれしかったです。最初は片方の手でやっていたから遅くなったんだと思います。最後は両手でできるようになって早くできるようになりました。

● ホタテの作業をして大変だなぁーと思いました。それに、こういうのはダメ、という貝があって、これはいいのかなぁー？と思いました。・・・ホタテを18個入れたら網に入れて、来年海に入れて（※来年まで海に入れて）ホタテを育てると言っていました。毎日こういう大変な仕事をしてすごいなぁと思いました。

　子どもたちがたくさん作業を手伝ったおかげで、いつもよりかなり早く作業が終わったようです。ある漁師は、「早く終わったから、次の作業に午前中のうちに取りかかれて、終わらせることができた」「お手伝

い代、払わなきゃいけないなぁ（笑）」などと言っていました。子どもた
ちにこのことを伝えると、「そうだったの！？」と、驚きと嬉しさにあふ
れた反応をしていました。

農業の学習（2019年度）

　農業の学習では、実際に作物を育てながら、学校の畑と農家の畑では
どのように作業や規模、使われる道具などが違うのかなどの視点から、
農家の仕事に迫っていきたいと考えていました。

　しかし、学校から農家の畑までは遠いので、歩いてはいけません。そ
こで、スクールバスを利用することにしました。大きい学校では、人数
や予算の関係でバスの利用回数が限られているので、年に1回校外学
習をするのが精一杯ですが、小規模校だと、大きなバスは必要ありませ
ん。スクールバスを利用し、農家の倉庫で行われていたイチゴの選別作
業や、学校で子どもたちが育てていたかぼちゃの畑、そして田んぼと合
計3回足を運びました。田んぼでは、田植え、稲刈りをしたり、茎を開い
て、成長すると穂になっていく部分など、たくさんのことを見学させて
もらったりしました。

　また、イチゴを出荷する際の箱の組み立てなどを体験させていただ
き、子どもたちは興味津々。たくさん質問をして、イチゴが札幌だけで
なく関西方面まで出荷されていること、ケーキ用のイチゴなので甘さよ
りも酸っぱい味の品種を育てていること、輸送の間に悪くならないよう
に早めに収穫していることなどを教えてもらいました。

　2つの実践では、体験や漁師・農家とのかかわりを通して、漁業・農業
についての知識を獲得することができました。さらに、一生懸命取り組
んだことを地域の人たちに認められ、自己肯定感を高めることにもつ
ながったのではないかと考えています。これらの実践は、子ども達一人
ひとりに共通の体験から得た認識が土台に展開されていきます。学校

の授業で「どうして？　知りたい！」「見てみたい！」「やってみたい！」を高め、そのタイミングで地域の人に出会い、本物を目の当たりにする。その体験からさらに学校での学習を深めていくというスパイラルになっています。この直接体験をさせてあげられるかどうかは、学級の規模による部分が非常に大きいです。

■ かかわりの中で、子どもたちの世界を広げる

　クラスの人数が少ないと授業中よく「喋る」と感じます。もちろん学習に無関係なおしゃべりではなく、授業の課題解決の場面や行事の縦割りの異学年交流などでも一人ひとりができることを進めようという想いがあると思います。教師と子ども、子どもたち同士のかかわりの「濃さ」が、子ども一人ひとりの主体性を伸ばしているのだと考えています。「主体的・対話的で深い学び」につながる子どもたちの姿ではないでしょうか。

　「学級の人数が多い方が、多様性がある」という声も聞きます。子どもたち同士という点ではその通りです。

　しかし、様々な大人や地域・社会とのかかわりのという点では、学級の人数によってかかわりの「濃さ」が変わってきます。少人数の方が多くの大人や地域・社会とのかかわりを持つ機会を与えられるのではないでしょうか。それが、子どもが得られる多様性となっていくと思います。

　多くの人とのかかわりが人を育てるという点では、いろいろな先生に教えてもらうことで学校生活にも学びにも広がりが得られます。書写を校長に担当してもらったり、学年で社会と理科を教科担任制にしたり、いろいろな先生と学習することで多くの目で子どもたちを見ることができます。子どもたちの世界を広げるために、学級の人数を減らしていくことと、教員を増やしていくことが必要だと強く感じています。

佐藤光音　中学校教諭（音楽科）／声楽家
（さとうあきね）

少人数学級だからこその多様性

　私は中学校教師としての教員生活を全校どのクラスも25人程度で編成された学校でスタートしました。現在は全校どのクラスも33人前後で編成された学校で子どもたちと過ごしています。その2つの学校での生活を比較して少人数学級について考えました。

　智はどちらかというと勉強が苦手で、自分でも読めないような字を書くことが日常茶飯事。何をするにも自信無さ気で、できない自分を隠すかのように、隅っこでこちょこちょっとやり過ごす。両親が子どもよりも先に家を出るので、行かずに済むなら学校も休んで家で猫と戯れながら弟とゲームをしていたいというような不登校傾向の生徒でした。

　中学校は教科担任制であるためクラスの生徒と関われる時間は小学校以上に制限されます。私のように週一時間しか授業を持てない教科なら尚更、学級担任として子どもと関係を築いたり、深めたりする機会は意識的に生み出す必要があります。

　学級では毎週末作文を書き、全員の作文を通信に載せて帰りの会で読み合うということを行なっていました。作文を通して、智の内に秘められたキャラクターの面白さが徐々にみんなに共有されていきました。読み合いが深まるにつれ、彼の独特の面白さを知っている子どもが彼のことを語り出し、そのエピソードにみんながウケる反応を見てニンマリ笑って嬉しそうにする智。そうなると学校をサボって家でゲームをしようとすることさえもキャラクターとして成立し始めました。私に電話

で急かされ大幅な遅刻登校をする度、「智どーせまたゲームしてたんやろー！」とみんなから声がかかり、それに対して智が自慢気にゲームの話を始めるとみんなからツッコミが入るという一連のやりとり。目立たないように目立たないように生活していた彼が、ともすれば落ちこぼれになり得る場面さえもが人気者になれる瞬間に変わっていきました。その連鎖で智のユーモアは止めどなく溢れ出し、できない自分を隠すのではなく、そのままをさらけだせる安心感が生まれました。周囲の子の智への理解は、単なるサボる子、できない子ではなく、なぜ智が不登校傾向にあるのか、遅刻をするまでの時間、智が家でどんな風に過ごしているのか、横着な彼の背景まで丸ごと理解し受け入れる空気が広がっていきました。これは智に限らずどの子に対しても言えることでした。33人学級で同じように作文の読み合いをしてもここまでの深まりにはたどり着くことはできませんでした。

　人数が半分になれば一人ひとりの声を聞く機会が倍になり、それぞれの個性を互いに理解する深さが深まります。気が合う、合わないは関係なく、お互いの良さや趣きを知ることができます。それは保護者との関係でも同じです。大多数の中から気の合う仲間を選ぶより、目の前にいる仲間全員のことを知る力をつける方が世界は広がるように感じます。

　学習の面から見ても、一学級あたりの人数は少ない方が利点は多いです。例えば、机間巡視。人数が少なければ一周回るのにかかる時間が大きく変わります。1周5分かけるとして、単純に計算すると、35人学級なら一人当たり約8.5秒。20人学級であれば、一人当り15秒。倍近くの時間を費やすことができるのです。

　合唱の場面でいうと、合唱の価値はみんなが気持ちよく声を出せるようになることだと思います。1パートが10人を超えると、声の小さい子や変声期により声の出しにくい子の声の様子は埋もれやすくなりま

す。そうなると声を出せる子は楽しく、声の出し方に悩む子はもやもやした気持ちになり楽しめなくなってしまう状況を生み出しやすくなります。

　教科担任制のため、教科の授業の中で限定的な関わりになる子どもも少なくありません。限られた時間の中で生徒理解を深め、その子その子の体の発達状況や課題に合わせ、その時その時に合った適切なアドバイスをするには、一人ひとりの声が聴ける環境は重要です。もちろん環境が整ったからと言って全員が全員同じように歌えるようになるわけではありません。しかし、それぞれが自分の体を知り、感覚をつかみ、気持ちよく声を出せているという体験をし、それをみんなで共有することに大きな意味があるのです。それができると、パート別に指導している時に互いの声の変化に気づき、聴いている側の生徒からドッと拍手が沸いたり、「俺らの歌いいよな」と自画自賛する声が上がってきたりするようになります。互いの声をよく聴くようになり、誰の声がどの音域で一番よく鳴るとか、この部分のリズム感は誰が一番よくつかんでいるという発言が自然とでてきます。テクニックがどうこう以前に、これが本当の音楽だと私は思うのです。

　一人ひとりの役割が大きくなるのは生徒会活動などでも言えます。例えば、8つの委員会がある学校の場合、前期と後期合わせると委員会に入る機会はのべ16枠。35人学級の場合、半数以上の子は委員会というものに関わらないまま一年を終えることになります。ところがこれが20人学級だった場合、単純に8割の子どもは1年生から委員会に接することになります。更に、3年生になると生徒会役員なども選出することを考えると、ほぼ全員が生徒会の主体者となって活動する機会に直面することとなります。これがとても面白いのです。やらざるを得ない状況に押し出された時、子どもは新たな一面を発揮し始めます。問題を起こすような子どもも、不器用な子も、面倒くさがりも、誰もが必要にな

るのです。ある意味、誰のことも避けられないし、逃げられない環境でもあります。お互いのことを深く知り、一人ひとりの個性をみんなが価値づけし始めます。

　学級の少人数化に対して多様性が失われるという批判もありますが、多様性とは単純に出逢う人の数ではなく、豊かな他者理解を重ねた数だけ育まれていくものだと思うのです。自分にとって都合よく感じる人間とだけ楽しく付き合えばいい。そういう人間をこの国は育てようとしているのでしょうか。好きとか嫌いとか、苦手とか、好みの問題ではなく、その人の良さを知り、集団の中で自分を出せる空間。1年かけてそれを生み出すことのできる「数」がいいのです。誰とでもつながれる力をつけることこそが大切なのです。

　学校とは、自分と全く違う性格や考えを持った仲間と日常を過ごしたり、行事を通して新たな価値観や社会性を身につけていったりする場です。これは全国学力調査では測ることのできない学力です。社会全体が安心できる世の中を目指すのであれば、まず学校社会で子どもたちがそれらを経験し、耕す必要があります。学校というのはそういう場所であり、そのためにはある程度お互いの関係がしっかりと築ける人数で学級は編成されるべきであり、それは35人でも多すぎると私は思います。

　一人ひとりが互いにじっくりと関わり合う時間と空間を保障される学級で、子どもたちの多様性や民主主義は育まれていくのです。

加茂 勇　小学校教員／公認心理師／教育科学研究会全国委員／発達障害と教育部会世話人

子どもたちが ゆったりと居られる教室

一人ひとりが声を出し「ちがい」が生きる空間

「先生、○○のせいでみんな迷惑しています。本当に困ります」「私たちばかり我慢するのは不公平です」「先生、私のことだって聴いてください。私だって大変なんです」

子どもたちは僕の机の傍まで来て訴えます。少し申し訳なさそうに話す子ども、自信をもって仲間の代表として話す子どもと、さまざまです。自分では意見を言えなくても同じような気持ちの子どもは多いと思われました。

このような光景は決して珍しいことではありません。現在、家庭に困難を抱えている子どもや、当人自身、成長の過程でむずかしい問題と共にある子どもは、教室には必ず何人かいます。他の子どもと同じことができない、他の子どもと同じような持ち物を用意できない、そんなとき、つい、すねたり、乱暴をはたらいたりします。もしくはそうすることもできずに感情を押し殺し、何も感じないふりをしている子どももいます。そのような積み重ねで、周りの友だちから嫌われ、学校の教師たちから見ても嫌われるのは仕方ないというような空気ができそうになることがあります。それをどう補い変えていくか、難しい課題です。

A男は、ASD（自閉症スペクトラム症）とADHD（注意欠如多動性障害）と診断された発達障害の子どもです。IQは120前後と知的にも高く、テ

ストでは良い点をとることができますが、2年時までは落ち着きがなく不必要に話したり、席を立ってしまったりすることが多く通院することになりました。そして、3年時より多動性や衝動性を抑制するコンサータという薬を処方されました。結果、A男は落ち着いて学習に集中して過ごすようになりました。しかし、4年時になると、薬を飲み忘れての登校が続きました。僕は、今まで薬を飲み忘れることはなかったのに、どうしてだろうと不思議でした。友達とトラブルになり不貞腐れているA男の横に行き雑談をした後に、「最近、薬の飲み忘れが多いね？」と尋ねると、「いいじゃん、別に」とA男は言いました。しかし、それでも横にいる僕にポツリと言いました。「薬を飲んでいる自分は、嫌なんだ」「給食を食べられなくなるし」A男には、服薬による副作用の食欲不振が強く出ていました。僕はA男の気持ちを理解しつつも、周りからの評価が落ちないようにと保護者に協力してもらおうと連絡しました。予想に反し保護者からも「給食を食べられることが嬉しいというA男の考えを認めたい」と返ってきました。僕はハッとしました。自分たちにとって都合の良いA男の行動の変化にばかり目がいき、僕は子どもの悩みや願い、悲しみを聴こうとしていなかったのです。「薬を飲んで良くなった」と僕たちが捉えていたとしても、A男にとっての捉えは「給食を食べることができなくなった」というものだったのです。薬を飲んだ自分に出会うということは、A男にとって新たな自己に出会うということだったのかもしれません。当事者の声を聴かずに、薬を飲み続けさせようとしていた自分を恥ずかしいと思いました。

　僕は、A男の願いを受け止めることにしました。しかし、残念ながら学校には、多くの学習規律がありました。姿勢保持のための「グーピタピン」などの数々の授業のルールがあったのです。薬を飲まないA男は椅子にもたれかかったり、靴を脱いだり、椅子の上で手足を複雑に動かしていました。周りの教師や子どもの視線を意識してしまった僕は、A

男にも学習規律を守らせようとしました。ですが、うまくいきません。学習規律を守らせようとすればするほど、A男の意識は姿勢の保持でいっぱいになり、気持ちも乱れてしまいました。「もう、いいや」と僕が諦めると、変化がありました。手足をソワソワと動かす行為をしているときのA男は集中できるようになったのです。きっと感覚刺激を送り続けることで安定させていたのでしょう。薬を飲まないA男が、体験の中で身に着けた気持ちを落ち着ける術だったのです。A男との対話を続けルールを変更することにしました。椅子の上で動いてもいいけれども、音は出さない。椅子からはあまり離れない。周りが気にならない範囲で動く。A男は「それでいいの？」「それならできるかもしれない」と言いました。全部が上手くいくわけではなりません。それでも、A男が授業に参加できる場面は増えてきました。

▓ 声を出すことが許される教室

　冒頭の言葉を伝えてきたのは、普通に存在する子どもたちです。僕は居心地のよい教室にするには、発達障害などの子どもを何とかすればよいと考えていましたが、単純なものではありませんでした。現在の学校には、家庭の経済的なこと、家族のこと、きょうだいのこと、それぞれに異なる困難を抱えた子どもたちが、何らかの支援を求めていました。

　居心地のよい教室にするには何が大事なのでしょうか。それは発達をしっかりと保障しようと教師が耳を傾けることなのではないでしょうか。ただ、それは声を出す（声を出さないことがあることも含めて）ことが許される場があることが大切なのだと思うのです。そのためには、教師が子どもと向き合う時間が必要です。また、教師だけでできる支援には限界があります。教室という枠組みで考えるならば、子ども同士の関係性を深めること、ともに「ちがい」を認め、「ちがい」を受け入れ合える

学級にすることです。そして、授業の在り方を変えることです。教室に
は学習に向き合うことができない子どもがいます。A男のようにテスト
は良くても座学が苦手な子ども、学習を楽しめない子どもなどです。そ
のような「ちがい」のある子どもが参加できる授業が求められています。

　僕はこれまで特別支援学校、特別支援学級、通常の学級と担任をして
きました。校種や子どもたちの発達段階のちがいに戸惑いながら、悩
み、試行錯誤し、子どもと歩んできました。大切にしてきたことは、子
どもたち一人ひとりのちがいを受け向き合う「子ども理解」の視点や、
「保護者理解」の視点でした。学校現場で流通している「アセスメント」
や「実態把握」に対して、子どもや保護者の「声」や「言葉」をしっかり
と聴きとり、尋ねる努力をするということでした。

　しかし、それらは容易なことではありません。学校スタンダードなど
の管理が強まり、危機管理としての対応という無理解が広がる中で、子
どもや保護者の声を聴くという行為は「悲しみ」を聴きとるという行為
でもあり、僕自身も傷つきましたが、そのような共感的な身体感覚をも
含めた情動体験があってこそ、子どもと家族に近づけたという感覚もあ
ります。子どもと保護者の声を聴くには、現在の子どもの数は多すぎま
す。発達を保障し、「ちがい」を受け入れ合える学級をつくるためにも、
少人数の実現は必要なのです。

森 亮介　竹富町立小学校

少人数学級だからできる 一人一人を丁寧に 見取ることでできる授業

　私は、沖縄の八重山地区で採用になり、2年前より竹富町の小規模校で教員をし、「少人数学級だからこそ」そう思える経験を、離島に勤務して実感しています。

　現在、担任ではありませんが2年生の授業を一部担当しています。そこで毎日2年生と他愛もない会話に花を咲かせています。子どもたちの話は兄弟・姉妹に関することが多く、Aさん、BさんとCさんは、「妹が全然いうこと聞かない！」「妹に意地悪された！」と不満を学校で語ることがありました。この2年生は女子が4人、男子が1人の学級で、AさんとBさんは姉も妹もいて、Cさんは妹、Dさんは姉との2人姉妹です。Eくんは兄も弟もいます。「妹のことが嫌いなの？」と聞いたら、「嫌いじゃないけど……」と濁した言葉が返ってきていました。Aさんは宿題の日記にも、「妹とお姉ちゃんは何もしていないちょっとは手伝ってほしい。何もしていないの大丈夫なのだろうか。気になります」という話から、ほかの子よりも深く姉妹について考えているように思えました。気遣って心配している様子も見えたので、どうにかそのモヤモヤを吹き飛ばす方法はないかと模索していました。国語の単元に「わたしはお姉さん」という教材があります。私は、この授業を通して兄弟・姉妹のことをいい方向に考えてくれないかと思いました。

24

本文を読んで初発の感想で、Bさん・Cさんは、「妹はひどいことしたと思いました」「私なら怒ってもいいと思いました」と妹に強く当たる言葉が多く書かれていました。普段の自分たちと重ねているのだと感じました。

すみれちゃん（姉）がかりんちゃん（妹）の落書きを発見した時に怒らずに話を聞いた場面では、「私だったらすぐに大きな声で怒っちゃうな」「私なんて先に叩いちゃうかも」とBさんとCさんは議論が白熱していました。そこで私は「話を聞いてあげるのもお姉ちゃんらしいってことなのかもしれないね」と聞くと、子どもたちは5人とも首を縦に振り納得。だんだんお姉さんらしく妹にやさしくなれそうと振り返りにも書くようになってきました。

そして、最後の場面「かりんちゃんが描いた落書きを消さずに、次のページから描き始める」ということは良いことか考えました。Aさん、BさんCさんの3人は、「許したのはとてもいいことだけど、宿題はちゃんと決められているから、それはちゃんと消してきれいなノートにするべき」という意見でした。

そこで、唯一の妹がいないDさんが意見を言いました。「もし、自分が書いたものを消さずにいてくれたらとても嬉しいし、とてもかりんちゃんの絵を大切にしているから、とてもいいお姉ちゃんだと思いました」と発表し、E君もそれに続きました。妹がいない、お姉ちゃんになりたいとあこがれを持つからこそ、お姉さんの行動をやさしさとしてとらえることができたのでしょう。

それを聞いたBさんとCさんは、「やっぱり落書きを残しておくことはいいことだね」「残しておかなくても切り取って別においたりはした方がいいよね」と意見を変えました。お姉さんとしてどう思われるかということよりも、妹がどう思うかという視点をDさんの発表から気づいたようでした。

しかし、Aさんは、まだ「宿題の方が大切だからやっぱり消さないとだめだよ」と意見は曲げません。ここで、私はAさんの言葉を思い出しました。日記にもあった「妹とお姉ちゃんは何もしていない」という表現です。そこには、私だけでもしっかりやらなければという気持ちが強いと感じました。

　そのあと、5人子どもたち同士で話し合いをしました。「妹がよろこぶけどやらないの」「絵を消さなかったら妹はよろこぶんだよ」という周りの意見にも、「落書きがあることはよくない」の1点張りでした。最終的に、「妹と宿題どっちが大切なの？」と聞かれるとAさんは、「宿題」と間髪入れずに答え、周りの子どもたちは、頭を抱えてしまいました。

　頑なに友達の意見を返すAさんをみて、「自分が何もしていないと思われるのがいやなのかな？」「本当は、やさしくすることがいいと思っているけど、怒られるのを嫌がっているのではないか？」と私は考えました。そこで、「宿題はやってあったらいいんじゃない。もしかして、先生に怒られると思っている？」と聞くと、「うん」首を縦に振りました。そしたら、周りの子どもたちは一斉に「大丈夫だよ、先生に言えば」「理由を言えば分かってもらえるよ！」。

　その時、たまたま授業参観に来ていた担任の先生に話をふりました。そうすると、「もちろんOKですよ。妹を大切にする方が大事ですよ」と言われると、憑き物が落ちたように、「すみれちゃんのしたことはいいことだと思います」と言ったのでした。Aさんは、自分は妹やお姉ちゃんみたいにはならないと強く思っていたことが、これで剥がれ落ちたような気がしました。

　そして授業が終わり、ノートを提出し帰っていくAさんに、「とってもいい意見だったよ。最後まで、悩んでいたのがよくわかったよ」と話しかけると、「私は、本当にそうなんです。どんなに妹が遊びに行こうと誘っても、やるべきことをやらないと断っているんです」と言いまし

た。普段の自分と重ねて考えていたことがはっきりとわかりました。「それはとても素晴らしいことだね。でも次からは、妹の誘いを断るときも妹のことを考えてできそうだね」というと「はい」と言ってすっきりした表情で教室に戻っていきました。その週末、自学自習でAさんは妹のいいところをたくさん書いて来てくれました。そして、なんと自分のお姉ちゃんのいいところもたくさん書いて来てくれたのです。

似顔絵付きで、「いつもえがお」「いつもげんき」「いつもやさしい」「1人でねるからすごい」など、ほめ言葉がたくさん！

　子どもとの普段の何気ない会話は、宝の山です。Aさんは本来とても大人しい性格です。通常の学級でいたら、授業中では一度も発言することがなく終わることもたくさんあるでしょう。しかし、少人数では、授業中どの子どもにもスポットライトを当てることができ、一人一人の意見を自由に述べることができます。大人数では当たり前になっている、他の子と同じ答えじゃなきゃいけないという考えは、少人数であればあるほど無く、自分の個性を発揮できるのです。そのためには、子どもたちと普段の学校生活から密に関わり、子どもたちを適切に理解することが大切なのです。少人数だと、お互いのことがわかりあえるのです。Aさんとの対話や授業を通して、本当の子ども理解というものが少人数学級ではできると確信しています。

大上由紀子　都内公立中学在校生保護者／「武蔵野の教育を語る会」メンバー
（おおうえゆきこ）

こんな学校がいいな、保護者が考える少人数学級

　この春、わが子が地元の公立中学校に入学しました。全員マスク姿、物理的距離でスカスカな座席のすき間を春風が吹き抜けるなか、ささやかながらも温かな入学式が手短に行われました。新しい担任やクラスメイトと顔を合わせたのもつかの間、たくさんの教科書とプリントを持ち帰らされ、臨時休校期間に突入です。この間、週1回学校ホームページに掲載される課題と、子に生活の様子を尋ねる担任からの電話だけが「この学校・学級に所属している」という証左だったように思います。

　6月1日より分散登校という形で学校が再開されました。出席番号の奇数・偶数で2つにグループ分けされ、一日おきの登校です。子の学年は1学級17名程度でのスタートとなりました。分散登校なので「同級生全員と顔を合わせる事がないから寂しい」とこぼしていましたが、慣れると「周りに人がいないから勉強に集中できる」と言うようになりました。

　しかし、6月15日より一斉登校が再開され、賑わって楽しい反面、1mのディスタンスも取れているかあやしい位、教室内に人が集うようになりました。通常運転に戻ったといえばそうかもしれませんが、やはり授業環境については少人数学級の快適さを知ってしまうと「前の方がよかった」そうです。

　これを機に、改めて「今までの『算数少人数（習熟度別少人数指導）』はどうだった？」と聞いてみたら、授業に集中できる事以外に、「人数が少ない分発言回数が増えるから嬉しい」「ミニ先生（先に理解した児童が、理

解までもう一歩の児童を教える）がやりやすかった」という感想を聞く事ができました。授業中にたくさん発言し主体的に参加する事によって、普通の授業よりも満足感を得る事ができていたようです。

　また、「ミニ先生」をするには教室内を移動しなくてはならないため、机が少なく空間に余裕のある少人数指導専用の教室の方が都合が良く、児童同士が密集していないため「ワチャワチャしにくくて『ミニ先生』をやりやすい」との事でした。今まで、少人数指導は「教員が教える人数を減らして個々の学力を上げるため」だとばかり思っていたので、そんな効果があったとは目から鱗が落ちる思いです。

　思い返せば小学校の学校公開時、一人ひとりが調べた内容や意見を発表する授業で、たくさんの意見を発言したい児童に対し担任が「もっと聞きたいんだけど全員にまわらなくなっちゃうから、ごめんね」と打ち切る場面が多々見られ、何ともモヤモヤとした気持ちになりました。もしこれが35人学級でなくて20人学級だったら、ゆっくり発言を聞くことができたのに、児童も思いっきり発表できたのに。

　新学習指導要領では、「主体的・対話的で深い学び（アクティブ・ラーニング）の視点から『何を学ぶか』だけでなく『どのように学ぶか』も重視して授業を改善します。」となっているのに、これでは「主体的・対話的で深い学び」など実現できる訳がないではありませんか！　現在の中1の35人学級では土台無理な話である事は保護者にも明白です。

　新学習指導要領に対しては諸手を挙げて賛成ではありませんが、本当に「主体的・対話的で深い学び」が実践できるのであれば、期待するところが大きいです。教員の仕事が知の伝授だけであれば、むしろ大学のように教員1人で100人の学生を相手に講義する方がよっぽど効率がいいです。

　義務教育過程に保護者が求めているのは真逆。つまり知の伝授やテストの点の取り方を教えてもらうのが目的ではありません。1（教員）対

N（児童生徒）だけではなく、N対Nでの学び合いがあり、深い学びにつながり、話し合う文化が生まれ、多様性に気がつき、社会づくりの練習になる。これがないと利己的で不寛容な大人になってしまうのではないのだろうか……。子どもたちには学びを通じてこういう成長をして欲しいのです。そのためには、Nが大きい数字のままだと実現不可能だと思います。ただし、Nが小さくても1対Nの学びだけだと従来の少人数指導にとどまってしまいます。これではもったいない。少人数学級の実現と並行して、N対Nの学び方にも期待します。

　少人数学級の効果として「教育的効果」が挙げられる事がありますが、いわゆる「（習熟度別）少人数指導」と混同している人も少なくないのではないかと危惧しています。

　少人数学級の最大の効果は「一人ひとりに目がゆき届く」ではないかと考えています。学級の一人ひとりに目がゆき届く環境になれば、子どもの困り事に気づきやすくなり、対応できるようになるかもしれないし、学級全体でもフォローし合う余裕が生まれるかもしれません。そうすれば、インクルーシブ教育ができるようになり、どの子どもにとっても「共生社会への入口」となるはずです。学習指導の時だけ少人数になる「少人数指導」だけではダメなのです。

　少人数学級に対して、「自分の育った地域は子どもが少なく学級人数は30人以下だったが、いじめなどの問題があった」「団塊の世代で50人学級だったが、教育の質は悪くなかった」などの理由で少人数学級を否定する意見を見聞きします。

　前者は「少人数学級にしたからといって問題がすべて自動的に解決される訳ではない」という証拠で、学級経営をちゃんと考えなくてはいけません。後者は、その人には見えていない辛い思いをした子がいたかもしれないし、もっと学べた子がいたかもしれません。過去～現在の多人数学級と少人数学級のどちらが子どもへの目がゆき届きやすいかと言

えば、間違いなく少人数学級であると思います。保育士や幼稚園教諭、放課後児童指導員などの配置基準が定められているのも、そういうことではないでしょうか。

「新型コロナウイルス感染対策として少人数学級を求めるのは火事場泥棒的である」という意見も見受けますが、ぜひ子どもたちが学ぶ環境を見に来てくださいと言いたいです。密です。「教室で物理的距離を取れたとしても、他で密になったら意味がないじゃないか」。いいえ、感染リスクはゼロにならなくとも減らすことには意味があると思います。

折しもこの原稿を書いている時、萩生田文部科学大臣より「公立小学校の学級人数を2021年度から5年かけて35人に引き下げ、約1万4000人の教職員定数の改善を図り、次期通常国会に向けて必要な法整備をする」という発表がありました。しかし、35人ではとても少人数学級とは言えません。引き続き保護者として、子どもたちの学びの環境を向上させたい一市民として、真の少人数学級を実現できるよう働きかけを続けたいと思います。

また、少人数学級が実現しても教職員に余裕がなくては教育環境としては不十分です。並行して教職員の多忙化解消も進むよう、保護者として、強く、切に願います。

小幡幸拓　宮城県保育関係団体連絡会事務局長／
宮城県仙台市内にある120名規模の民間の認可保育園副主任
<ruby>小幡幸拓<rt>お ばたゆきひろ</rt></ruby>

保育者から見た
学級規模への思い

　2020年は、コロナ禍の中、大きな不安や葛藤が入り混じり、悩みながら生活するという、これまでに経験した事のない一年になりました。そんな中でも、私の保育園では「コロナだからできない」ではなく「今の子ども達と何がしたいか、今だからできる事は何か」を考え日々保育してきました。

　「子ども達と何をしたいか」という事を考える時、私たちは「子どもの姿」から考え始めます。この「子どもの姿」とは、子どもの身体的発達や言葉の獲得、発語といった表面的なものではなく、これまでの成育歴や友達や大人も含めた人間関係、言葉にならない思い、見つめる視線の先に何を見て何を思うか等、発達や、内面の育ちの事です。ですから私たちは、子どもの姿を捉える事を非常に大事にしています。

　子ども達の姿を捉え、子どもたち一人ひとりの「これがやりたい」「こうしたい」という要求にこたえ、言葉にできない要求を胸に秘めている子どもに対しては、心に寄り添い思いをくみ取り、時には代弁しながら要求にこたえます。要求にこたえることによって、信頼関係を深め、さらに子どもの要求を引き出し、子どもが主体的に、意欲をもって生活の主人公になれるよう意識し保育をしています。

　子ども一人ひとりの姿を捉える保育は、私たちが大事にしてきた保育というだけでなく、今保育現場にある、大きな課題に対応する為にも必要だと感じています。

　今保育現場には、障がいの診断を受ける子以外にも、自閉症の疑いや専門機関につなげた方がいいと感じる子、いわゆる「グレーゾーンの子」、人員を多く配置したり、様々な工夫をしながら安全と楽しみを保障していかなくてはならない子等、様々な課題を持った子どもが多く存在します。多くの保育者、研究者の実践や研究の成果もあり、これまで「普通とは違う子」「じっとしていられない子」等とカテゴライズされてしまい、見過ごされ、苦しい思いをしてきた子達が、その子に合った配慮や手立てが講じられるよう、専門機関と保護者、保育園がつながり、その子らしく生活できる環境が整いつつあります。

　そういった子ども達が多くいる中で、保育士は丁寧に一人ひとりの姿を見て、その子にあった働きかけや対応を探り、保護者とも話し合いを重ね、必要があれば専門機関につなげる。近年はこういったことが保育園の重要な役割の一つになっています。

　しかし、その重要な役割を担う保育士の前提となる「子どもの姿を捉える」というのは、保育士資格を取得すれば誰でもできるというものではありません。経験を重ねたからできるというものでもありません。表面的に子どもを見て評価するのではなく、子どもの内面を理解しようということを共通理解する職員集団であること、それを伝えていけるバランスの良い経験年数の人員を擁すること等様々な条件が必要です。

　子どもの姿を捉えることを難しくしている要因は様々ありますが、その一つが、保育制度です。先にも述べたように、今保育現場には様々な個性を持ち、個別な配慮を必要とする子どもが沢山います。しかし、認可保育所の保育士の配置基準（子ども人数に対する保育士の配置基準）では、0歳児…概ね3人：1人以上、満1歳以上満3歳未満の幼児…概ね6人：1人以上、満3歳以上満4歳未満の幼児…概ね20人：1人以上、満4歳以上の幼児…概ね30人：1人以上となっており、1969年から変わりありません。

研究が進み、子どもに対する捉えが大きく変わった今、60年代から続くこの配置基準では対応が難しくなっています。現場から「少人数の子どもと丁寧に関わりたい」「もっと個別に対応して気持ちよく過ごせたら」等の声を聞くたびに、この制度は誰の為の制度なのだろうかと考えずにはいられません。子どものいのち、健康を守りながら健やかな成長、発達を保障するための制度であるならば、少なくとも今の「子どもの姿」を見て必要な手立てを講じる必要があるのではないでしょうか。少人数保育のメリットは、このコロナ禍の保育でも立証されています。緊急事態宣言による学校の休止の影響で、保育園も登園自粛の家庭が増えました。4〜5月は、例年であれば新入、進級の不安で泣き声が響き、落ち着かない時期です。しかし、今年は登園数が少なく、とても落ち着いて個別対応を丁寧にしながら子どもと向き合うことができました。登園が少ないことで、保護者と話をする時間も確保でき、信頼関係を築くことにもつながりました。子どもに向かい、子どもの最善の利益を追求する制度であれば、それは結果として保育者、保護者にとっても良い効果をもたらすのは明らかです。コロナ禍の保育を経験したからこそ実感した少人数保育の良さ。これを今年のみ、そして保育現場のみで終わらせてしまうのではなく、子どもたちの為にも次につなげていかなくてはならないと感じています。

　その「次」はやはり学校です。保育園を卒園し、小学校へ進学すると、これまでよりも大きな集団の中で過ごさなくてはならない子どもたちを思い、不安を感じてきました。

　在園当時は、仲間との関係で自分の意見を主張し、仲間の意見もしっかり聞く、泣いている仲間がいたら傍にいき「どうしたの？」と思いを聞く、様々な事について興味関心も強く持っている等、私たちからすれば心配なく送り出した子たち、まさに「生活の主人公」となって生きていた子どもたちが壁にぶつかっているという報告も多く聞きます。保

育園では0歳児期から共に過ごし、子どもや保育者がお互いの個性を理解し、尊重し合う関係を築き、就学前まで集団生活を送っている事により、その園独自の文化形成がなされ、子どもにとって非常に居心地の良い環境になっている可能性はあります。それだけに、保育園時代には保育士や仲間に一旦思いを受け止めてもらえた子が、担任の先生や友だちから自身が思っていた言葉が返ってこなかったとショックを受けたり、友達と対面で意見を言い合う経験をしてきた子が、話し合いにすら参加させてもらえず、強い疎外感を感じたりすることで学校へ向かいにくくなったというような事例報告があります。

　制度上の課題等により、保育現場にある問題を抱えた状態で、子どもたちを送り出さなければならない事に反省と無力さを感じます。子どもも成長し、先生方も子どもたちを丁寧にみて下さっていると頭では理解しつつも、保育園の倍近い集団の中にいることは事実としてあります。その中で見落とされることもあるかもしれません、声が届かないこともあるかもしれません。保育現場にある課題を改善する為には保育現場だけでなく、その先にある教育現場も変わらなければ、根本的な解決には繋がらないと思います。子どもたちが自分らしく、力を発揮し生きていくためにも、少人数学級を望みます。

寺尾昂浩 <ruby>寺尾昂浩<rt>てら お たかひろ</rt></ruby> 東京学芸大学大学院連合学校教育学研究科院生

振り返る中で浮かんでくる少人数学級の必要性

教育の豊かさを平成の学校体験から考える

　私は小学校2年生のときに学校が平日のみの週5日制になった世代です。今振り返ってみると私は多動症の傾向がある子どもでした。小中高の苦い体験と共に「もし少人数学級だったらどのような展開があり得たか」という視点で自身の学校体験を振り返ってみたいと思います。

■ 自身の小一ギャップ

　私は幼稚園の先生にかなり良くしてもらって育ちました。若くてやさしい先生のことが大好きでした。ですが小学校に入学すると担任はベテランのしっかりした女性の方で、当時の私にとっては怖い先生という印象でした。中学生くらいになると不規則発言で先生方を困らせていた私ですが、パニックに弱く多動症の傾向があった私は完全に委縮し、シャットアウトしてしまったようで先生の話すことが頭に入ってこず、指示が右から左に流れていくような感覚でした。現に保護者面談では「たかひろ君は目を見てまじめに話を聞いてくれるのですが中身を全然理解していないんですよね」と言われてしまう始末です。汚い話になってしまい恐縮ですが先生が怖くて授業中にお手洗いに行きたいことを言い出せず間に合わなかった経験もあります。今思えば良い先生だっ

たのですが、最初のうちは怖くて、委縮から解放されるまで、かなり長い時間がかかりました。そのため先生に質問をすることにも億劫になり、置き去りにされていた記憶があります。

　もし少人数学級であったらきっと先生との関係をもっと早く築けていただろうし、先生も子どもの様子をキャッチし歩み寄る形でもっと頻繁に私への適切な指導やサポートが行えていただろうと思います。

■ 発言しにくい子の存在

　小学校のクラスメイトには成績は普通でも、みんなの前で発表することがどうしても苦手な子がいました。発言を求められると下を向いて黙ってしまったり、声が小さかったり、泣き出してしまうのです。それは、そうした子に対するいじめや、冷ややかな目へとつながりかねません。日本では「世間」とよく言われたりしますが、集団の持つ同調性が強い傾向にあります。誰もが人が多ければ多いほど物を言いづらい体験をしたことがあるのではないでしょうか。クラスも例外ではありません。教育社会学者の本田由紀さんは『教育は何を評価してきたのか』（岩波書店、2020）や最近のご講演の中で、こうした問題性を指摘しています。児童生徒がクラスに置かれた40人のうちの1人であるという子どもひとりひとりへの負担を考える必要性があるでしょう。

　もしもっと少ない人数であればより発言しやすい環境になっていただろうし、先生の支援であったり、クラスメイトが支えて発言を助けるような空気も作ることができたと思います。また発言をしてもネガティヴな評価や、攻撃にはつながらず質問をしたりするような形で議論を深めたり、対話空間をつくることができたでしょう。それは結果として発言を得意としない子にとって、発言へのハードルを下げたり、内容を深めたり、発言への自信をつけることにつながります。

■ 安易な多数決に頼ってしまいがちな問題
──自省を込めて

　私には多数決を巡って2つの苦い思い出があります。1つは中学生、1つは高校生にまで遡ります。中学1、2年生の頃、放送委員会に力をいれていました。委員会決めは委員会が多く、十分な議論や合意形成の時間があまりとれません。3年生の委員会決めは、議論の時間もあまりなく、半分悪ふざけも混じったような雑な多数決で決められ、いじられキャラだった私は放送委員会から外れた辛い経験がありました。

　高校で私は学級委員長をしていました。3年間部活の監督が担任だったこともあり、正直担任の顔色を伺いながらホームルームの進行をしていたように思います。決め事に際して、決まらず、練習が遅れたりすると担任の先生の機嫌を損なうため、棚上げしたり、時間を延長することは許し難い状況でした。今でこそ民主主義に関係する教育の研究をしている私ですが、当時クラスでの決め事をする際は常に時間との戦いで、十分に議論する時間を作れず、発言の少ないクラスメイトを置き去りにして、時間が来たら多数決で事を決していくような状態を作ってしまっていました。何かと多数決で事を決していく姿勢に、その先生にすら「なんでも多数決だな」と指摘されてしまったほどです。多数決の暴力性を今ほど見出すことのできなかった当時の私は、誤った民主主義観を体験的に獲得していたのです。単純計算で40人近い生徒が1人1分発言しただけでもう40分ですから授業時間の5分の4が無くなってしまいます。こうした状況でホームルームをどう充実させられるというのでしょうか。鷲田清一さんは『「待つ」ということ』(角川書店、2006)の中で今日、失われつつある「待つ」ことの重要さを指摘しますが、言葉が整理されたり、ゆっくり考えることを「待つ」時間はそこにはありません。

　クラスメイトがじっくり議論をしたり、検討していく中で、よりよい

結果や、発言を得意としない生徒等をはじめとした他者に対する想像性やケアをしあうような空間が育まれます。議論や話し合いの丁寧さや、クラスメイト同士のケアやサポートの実現には少人数学級は近道だと言えるでしょう。

■ まとめにかえて

　これまで自身の学校体験をベースに書いてきました。その中に学習面の数値で語れるようなものがあったでしょうか。少人数学級の議論はどうも学習面の効果や成果に焦点が当てられがちで、日々の学校生活にあまり焦点があてられません。これらは「学力」や数字で示せるものとは結び付かないかもしれませんが、学校における教育、人間の育ちにとって重要です。書いてきた苦い体験談や問題は少人数学級であったならばどれも違った展開が期待できる内容であったと思います。その違った展開は当時、児童生徒であった私の幸せ、学校体験に豊かさや充実をもたらすことになったでしょう。

　本稿では数値などに還元される議論を避けて体験談に拘って書いてきました。近年数値やデータをエビデンス（証拠や論拠）という形で重んじて、数値で表せる部分に執着し、投資に見合った教育効果を測ろうとする動きがあります（現に経済産業省の少人数学級へのまなざしは、まさにそうです）。

　教育効果の測定や数値は教育の本質のうちの数値化が馴染むほんの一部分に過ぎません。つまり教育の豊かさや価値を数値化できるものに矮小化し、それらをやせ細らせる可能性があるのです。教育の豊かさを追究する上で少人数学級は欠くことのできない要件であり、子どもたちの笑顔や幸福、豊かな学校体験と育ち、人間性の発達に向けた大きな一歩になります。例えば同調性や不登校などの学校が抱える様々な問

題へと向き合うものとなるでしょう。そして何よりもここまで記してきた私のリアルな体験談が少人数学級の必要性を物語っていると言えるのではないでしょうか。

第2章

少人数学級の意義

清水睦美　日本女子大学人間社会学部教育学科
しみずむつみ

求められる少人数学級

広がる声・必要性・特別なニーズのある子どもにとっての意義

1　少人数学級化を求める教育研究者有志の会

　2020年7月16日Change.orgでインターネット署名の開始により始まった「少人数学級化を求める教育研究者有志の会」の活動は、1ヶ月を待たずに署名数が23,000にのぼりました。署名開始直後から紙の署名用紙がほしいという声が寄せられ、急ぎ作成・配布された用紙には1ヶ月ほどで10万人に届く署名が寄せられました。9月17日には第一次集約分として150,424筆を内閣総理大臣・文部科学大臣に提出し、院内集会を開いて少人数学級を求める声がいかに大きいかを訴えました。その後、各方面から寄せられた宣伝や学習会に使える資料がほしいという要望に応えて、「少人数学級と豊かな学校生活を」と題するパンフレットを作成しました（https://bit.ly/2X3HtHd）。あわせて11月9日には記者会見を実施して、少人数学級を求める意義と目指す形に関する情報提供も行いました。12月18日には第二次集約として220,981筆を提出して、活動に関する成果と今後の課題に関する記者会見を行いました。

　第二次集約の提出に向かう中では、報道を通して、少人数学級実現に向けて文科省が前向きであるのに対し、それに疑問視する財務省との間で、2021年度予算を巡る攻防があることが伝えられるようになりま

した。特に、10月26日に財政制度等審議会財政制度分科会歳出改革部会によって提出された資料に対し、翌27日には「文部科学省の見解（教職員定数関係）」という反論資料が出され（https://bit.ly/387boUV）、文科省が少人数学級の実現に向けて前向きであることが実感できる動きもありました。政府の方針が決定したのは12月17日。公立小学校での学級編成標準の上限を、現在の40人（1年は35人）から全学年35人に引き下げ、来年度以降5年間をかけて全学年で35人学級が実現されることになりました。

　有志の会の第二次集約提出は、この決定の翌日になりました。義務標準法改正により学級編成の大幅改善が行われることに大きな成果があったことを認めつつも、5人という減少幅が小さいこと、中学校や高校が対象とならなかったことの問題性、学年進行では遅すぎることに加えて、今後の教員の確保に向けては非正規ではなく正規教員を、あわせて教員の労働条件の改善が必須であることを文科省関係者に伝えました。担当者からは、有志の会を含む多くの教育関係団体からの声に加え、全国知事会・市長会・町村会からの緊急提言書、500を越える地方議会での意見書など、非常に多くの声が政府に届けられ、それらが法改正に向かう力になったことが伝えられました。あわせて、これが最終ではなく、今後に向けた第一歩として今後もさらなる改善に向けて取り組む意向があることも伝えられました。

　2021年度予算に向けた少人数学級の実現の動きは、ここで一旦区切りを迎えたわけですが、さらなる少人数化、中学校や高校への拡大、あわせて、教員の確保や質の保障などを進めていくために、ここでは、少人数学級が求められる多角的な理由と、特別なニーズのある子どもにとっての意義について検討していきます。

② なぜ、少人数学級の要求が高まったのか

　なぜ少人数学級を求める声が、これほど大きな広がりをみせたのでしょうか。

　3・4章で言及されるように、日本の小中学校の学級編制は、いわゆる「義務標準法」によって定められています。戦後直後の標準50人から、およそ10〜15年間で5人ずつ改善されて、1980年度から現行の40人となりましたが、その実現には12年という時間がかかっています。その後、少人数学級化の施策は停滞し、かわって「少人数学級より少人数指導」という方針が推進されるようになります。これが、いわゆる「指導法改善（TT）」や「少人数指導」による教員加配です。少子化に伴い小中学校の学級数は減少していくわけですが、これによって減る教員数を教員加配に充当するという方法がとられてきたわけです。ただ2011年（民主党政権時）には再び少人数学級化が議論されました。しかし、小学1年生のみ35人とする改正で、他学年への拡充には至らなかったという経緯があります。したがって、今回の義務標準法改正は、およそ40年ぶりの快挙（それでも後に述べるように不十分ではありますが）となったわけです。このように、日本の教育政策の中で、少人数学級化は、特に1991年度の40人学級の完全実現以降、積極的に進められてきていません。また、それを求める声も、今回みられたような非常に大きいものにはなってきませんでした（もちろん、そうした声が全くなかったわけではありません）。

　日本の学校教育は『競争の教育』（久冨善之、1993、労働旬報社）を是として組み立てられてきました。このことは、例えば、国連の子どもの権利委員会から、「競争の激しい教育制度が締約国に存在すること、ならびにその結果として子どもの身体的および精神的健康に悪影響が生じていること」（第1回報告書審査による勧告、1998年）に始まり、2019年勧告でも「ストレスの多い学校環境（過度に競争的なシステムを含む）から子ども

を解放するための措置を強化すること」が求められていることにも表れています。こうして展開してきた日本の学校教育を、本田由紀（『教育は何を評価してきたのか』、2020、岩波新書）は、「垂直的序列化（＝相対的で一元的な「能力」に基づく選抜・選別・格づけ）」と「水平的画一化（＝特定のふるまい方や考え方を全体に要請する圧力）」という独特の組み合わせのもとにあると分析しています。それによって、児童生徒の中に出身家庭の社会階層に基づく格差化と排除・抑圧が進行しているというのです。

　格差化に伴い不安定化する家族と、教育の公的支出のGDP比がOECD加盟国で最下位というような資源不足のもとで、学校や教員は過重な負担を強いられてきました。日本の教員の労働時間の長さは、文科省が2016年に行った教員勤務実態調査でも明らかにされており、過労死ライン（時間外労働が80時間以上）を越える教員（教諭のみ）は、小学校で33.5％、中学校では57.6％を占めているのです。

　新型コロナウイルス感染拡大前の学校教育は、このような状況に陥っていたわけです。そこに、突然の一斉休校要請です。既に、それぞれの自治体や学校ごとに、感染拡大に警戒しつつ感染対策をしながら、子どもたちの学びをどのように保障するのか、経験がないなかでも、それぞれの持ち場をどのように支えるかを検討しているなかでのことだったといいます。にもかかわらず、緊急事態宣言が出る一ヶ月以上前に、それも休校まで「わずか1日」しかないなかで、学校の休校は要請されたわけです。ここにも学校や教員への過重な負担が見てとれます。

　無策のなか始まったこのような一斉休校でしたが、学校再開に向けた動きのなかで試みられた分散登校時の「少人数学級」は、想像を超えたインパクトを、学校や教員に、子どもに、保護者にもたらしました。これまで「少人数学級より少人数指導」という方針のもと後景となっていた「少人数学級」の教室をみなが経験したことで、これまでの「過度に競争的でストレスの多い学校環境」で「垂直的序列化」「水平的画一

化」という特徴をもつ日本の学校の教室を問い直すきっかけをつかんだのです。冒頭で紹介したような少人数学級化を求める声が、これまでにない広がりで大きな声となったのは、このような要因があると考えられます。

③ 少人数学級の必要性

　ここからは、少人数学級の必要性について、いくつかの観点で検討していきます。

① 文科省施策からみる必要性──「主体的・対話的で深い学び」と「ICT化」
　2017年の学習指導要領の改定では「主体的・対話的で深い学び」の視点にたった授業改善がポイントとなりました。中でも「対話的な学び」については、子ども同士の共働や教職員・地域の人との対話により、自己の考えを広げ深めることが想定されています。

　「対話的」に関わり、学校現場でよく話題になる話しとして、「40人学級では、子ども1人が1分話したら、それだけで40分の授業時間は終わる」というものです。ですから「対話的」を目指せば「グループ学習」という工夫がなされることになります。グループ編成は3〜5人が適性と学校現場では言われています。グループの課題にメンバーとなる子ども全員の参加を促しやすいのだそうです。これにより「主体的」な学びも促されます。しかしながら、40人学級の場合、5人で編成すると8グループになります。各グループでの対話を15分もち、その対話を全体で共有するために各グループ3分発表すれば24分です。実はこれをあわせると39分となり、やはりこれで授業時間は終わってしまうのです。そうであるならば、グループ対話を10分にしようということになりますが、そうすればグループでの対話の結論を急がせることになりますか

ら、「主体的な学び」が減退していくことになります。このようなシミュレーションを何回か繰り返せば、40人学級で「主体的・対話的」は無理という結論に至ります。つまり、現在の標準の学級人数では既にできないことが盛りこまれているのです。

　今回の「35人」への義務標準法の改正は歴史的に快挙ですが、この点から考えると「主体的・対話的で深い学び」を保障できる学級人数ではないと言わざるをえません。仮にこれが20人程度まで減れば、グループ対話と全体討議を2回繰り返すことも可能です。文科省の方針に基づく学びを保障するならば、さらなる少人数学級化が必要ということになります。

　加えて、コロナ禍でGIGAスクール構想が前倒しとなり、2021年より子どもたちが一人一台端末を手にし、ICT活用が積極的に進められることになりました。背景には、国立教育政策研究所が公表した2018年PISA調査で、日本の高校1年生の日常的なデジタル機器の利用に関して、OECD加盟国において、「学習」での使用は最下位であるのに対し、「遊び」での使用は首位であることが明らかになったことがあります。このように、日本の学校でのICT活用は進んでいない中で、一気に一人一台端末となったわけです。そのようななか文科大臣からは「忘れてはならないことは、ICT環境の整備は手段であり目的ではないということ」というメッセージが出され、鉛筆やノートと同じように端末を道具として使いこなすことがイメージされています。もちろん、その方針に間違いはないのですが、子どもたちが熟練するためには、教員による手厚い支援は不可欠です。その際に、40人学級での指導には無理がありますし、改正後の「35人」でも不十分です。

　このように進む文科政策に学校現場が対応していくためにも、少人数学級は基本的条件整備の一つであると考えることができます。

② 子どもの実態からみる必要性
――さまざまな要因が絡まりあう指導上の諸課題

　文科省が公表している「児童生徒の問題行動・不登校等生徒指導上の諸課題に関する調査」をてがかりに、子どもの実態を確認していきます。

　まず、小中学校の不登校児童生徒数は、2019年度181,272人で、小学校で0.83％、中学校で3.94％にのぼり、2013年より7年連続の増加となっています。この数には病気や経済的理由は含まれておらず、小中あわせて主な理由とされているのが「無気力や不安」で39.9％と突出して高く、続くのが「いじめを除く友人関係をめぐる問題」15.1％、「親子の関わり方」10.2％です。不登校に至る過程には複数の要因が絡んでいることが指摘されていることから、この調査では「主な理由以外にも当てはまるもの」も調査されていますが、やはり「無気力・不安」は10.9％と最も高く、主な要因をあわせれば5割をこえ、小中学生の不登校の2人に1人は「無気力や不安」を抱えて不登校になっているという実態があります。

　次に、暴力行為は小学校で著しい増加が見られます。2019年度の小中高あわせて学校管理下での発生校数は36.2％で3校に1校の割合で発生しています。中学校での発生率が依然として高いわけですが、2014年以降、小学校で毎年5000件以上増え、1000人あたりに対して小学校6.8件（中学校8.8件）となっています。「荒れる中学校」のイメージは、私たちの社会である程度了解されているものですが、これで小学校をイメージすることは難しそうです。また、暴力行為の加害児童も、高学年の方が多い傾向はあるものの、特定の学年に集中しているわけではありません。

　続いて、自殺数も確認しておきます。学校から報告された児童生徒の自殺数は2018年度より300人を越えるようになっています。これらの

数字は、内閣府・警視庁のとりまとめた数より少なく、学校に報告されない子どもの自殺も一定数あることが確認されています。自殺の増加傾向に対して、文科省では学校の協力で得られた約500件の調査票から「児童生徒の自殺についての全体的な傾向」という分析結果を公表していますが、「児童生徒の自殺が生じる傾向として、学校要因、家庭要因、個人要因（性格、精神疾患等）などが複雑に関連しあっていることが一般的」としています。

　最後に、いじめです。いじめの認知（発生）件数は2012年に小中ともに大幅に増加した後も増加傾向が続いています。特に、小学校での増加幅が大きく、1000人あたりの認知件数をみると、2011年より、4.8→17.4→17.8→18.6→23.2→36.5→49.1→66.0→75.8（人）という数字が示されています。ただし、認知件数に対して、解消しているものや日常的に観察継続中となっているものが83.2％となっています。学校でのいじめが増えているかどうかという議論は横に置くとしても、いじめとして認知されて発見されるものの8割が解消や観察継続中ということは、それに伴う教育活動が、子どもたちの学校生活に日常的に組み込まれていることが想像できます。

　以上、文科省の調査から子どもの実態をつかむと、いずれの指導上の課題も増加傾向が認められます。あわせて、それぞれの課題の背景要因まで踏み込んで調査が行われたり、分析されたりもしています。そこにみられる共通的な事項は、課題の背景要因は複数あり、それらが複雑に絡み合っているということです。すなわち、原因を一つに特定できないということなのです。そうだとすれば対処として当然導き出されるのは、丁寧な観察と分析、それに基づいた対応ということになります。子どもたちが抱える課題は、関連する要因の絡まりあい方が一人ひとりそれぞれ異なるとすれば、教員が担当する子どもの数は少ない方が、丁寧に対応できることになります。

このように指導上の諸課題とみなされる子どもの実態に対して、その背景要因の複雑さに鑑みると少人数学級の必要性が確認できます。

③ 感染症対策からみる必要性──距離をどうとるか

　感染症防止の観点から少人数学級の方がよいことは、異論のないところでしょう。

（参考）レベル3地域（1クラス20人の例）

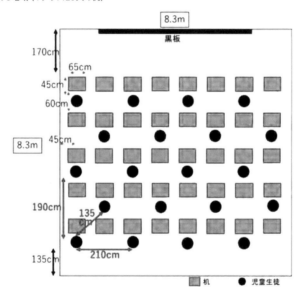

　文科省による『学校新型コロナウイルス感染症に関する衛生管理マニュアル』（2020.12.3　Ver.5）によれば、「密集」を回避するために、特に感染レベル3の地域では、上図のように、児童生徒の間隔を可能な限り2メートル（最低1メートル）を確保して座席を配置するように求めています。このような形での学校教育活動を行うために、学級規模に応じて施設の制約がある場合には、学級を2グループに分けることや、分散登校

や時差登校を適宜組み合わせることを推奨しています。

　本稿を執筆している2021年1月中旬は、再び緊急事態宣言が発出されており、首都圏を中心に感染レベル4という状況です。新型コロナウイルスの感染により子どもたちは重症化しないとされていますが、子どもたちがウイルスを拡散することを防ぐためには、現在の施設のままであれば分散登校・時差登校により1学級を20人にせざるをえないことになります。こうした措置は、当然のことながら、学校で過ごす子どもたちの時間に制限を加えることになるわけですから、できれば避けたいことです。そうだとすれば、そもそも1クラスを20人程度に少人数化していれば、こうした問題は避けられるわけです。

③ インクルーシブ教育に向けた動き
── **特別なニーズへの対応の基本的整備条件として**

　最後に、インクルーシブ教育に向けた動きの中に、少人数学級の必要性があることを指摘しておきたいと思います。

　2006年国連総会での障害者権利条約の採択により、日本での批准に向けた動きの中で、インクルーシブ教育が広く知られるようになりました。条約では「私たちのことを私たち抜きで決めないで！（＝Nothing about us without us）」がスローガンとなり、障害は個人ではなく社会にあるという、いわゆる「社会モデル」の立場から、私たちの社会生活の見直しを求めています。こうした中、教育分野では、分離教育から統合教育への動きが目指され、2007年には「特殊教育」から「特別支援教育」への名称変更にあわせて、新たなシステムの構築が目指されてきています。さらに、2011年8月の障害者基本法の改正で、障害者の定義の拡大と「合理的配慮」概念が導入され、2016年には障害者差別解消法が施行となり、「不当な差別的取り扱いの禁止」「合理的配慮の提供義務」が求められるようになりました。こうした法改正にあわせて「インクルー

シブ教育システム構築」が目指されてもいます。文科省でも基本的な方向性として、「障害のある子どもと障害のない子どもが、できるだけ同じ場で共に学ぶことを目指すべきである。その場合には、それぞれの子どもが、授業内容が分かり学習活動に参加している実感・達成感を持ちながら、充実した時間を過ごしつつ、生きる力を身に付けていけるかどうか、これが最も本質的な視点であり、そのための環境整備が必要である」としています。

　他方で、近年「合理的配慮」を必要とする特別なニーズのある子どもたちが増えていることも、よく指摘されています。文科省は2019年9月に「新しい時代の特別支援教育の在り方に関する有識者会議」をスタートさせていますが、それにあたって、特別支援教育の対象が増えていることを確認しています。資料によれば2009-2019年の10年間で、特別支援学校在籍者が1.2倍、特別支援学級2.1倍、通常学級での通級指導対象者が2.4倍で、義務教育段階の全児童生徒数の4.2%となる約41万7千人にのぼることが示されています。

【現在の教室】
競争的でストレスが高い集団
(特徴：垂直的序列化・水平的画一化)

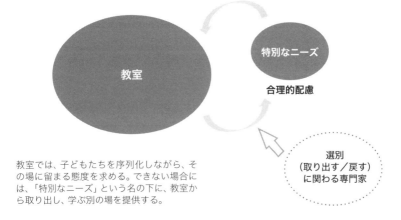

教室

特別なニーズ

合理的配慮

選別
(取り出す／戻す)
に関わる専門家

教室では、子どもたちを序列化しながら、その場に留まる態度を求める。できない場合には、「特別なニーズ」という名の下に、教室から取り出し、学ぶ別の場を提供する。

　これら2つの動きを重ね合わせながら眺めると、そこにある種の矛盾があることに気がつきます。すなわち、一方で、すべての子どもが、できるだけ同じ場で共に学ぶことが目指され取り組まれているにも関わらず、他方で、特別支援学校や特別支援学級、通級指導に見られるように、異なる場で学ぶ子どもの数が増えているという現実があるということです。このような矛盾がなぜ露呈してしまっているのでしょうか。

　本稿の第2節で、日本の学校の教室は「過度に競争的でストレスの多い学校環境」で「垂直的序列化」「水平的画一化」という特徴をもつことを指摘しました。図の左側（前頁）に示したように、このような特徴をもつ教室には、子どもたちを序列化しながらも、子どもたちにその場に留まる態度を求めます。できない場合には、「特別なニーズ」という名の下に、教室から取り出し、学ぶための別の場を提供することになります。これが合理的配慮ということになり、この選別に関わるのが専門家です。このような仕組みのもとでは、競争的でストレスの高い教室を早期に離脱して、特別なニーズによる異なる基準のもとで、手厚い支援を受

【目指すべきインクルーシブな教室】
できるだけ同じ場で共に学ぶ集団
（特徴：包摂（排除しない）／水平的多様化）

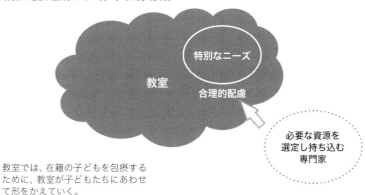

教室では、在籍の子どもを包摂する
ために、教室が子どもたちにあわせ
て形をかえていく。

けることを望む子どもも出てきます。異なる場で学ぶ子どもの数が増える要因には、こうした選択も絡んでいると考えられます。他方、教室に残るのは、競争的でストレスの高い状況に耐えられる子どもたちだけとなります。そうした教室で余裕をもって過ごせる子どももちろんいるのでしょうが、いつ離脱させられるか、ギリギリのところで堪え忍んでいる子どもたちも多く存在します。筆者の研究対象である外国人の子どもたちの多くは、そうした状況に追い込まれることが多く、そのために、自らのルーツを否定的に捉え、自己肯定感を持ちがたくなっています。

　このような現実を捉える時、目指されるべき教室は図の右側（前頁）のようなインクルーシブな教室でしょう。できるだけ同じ場で共に学ぶことが前提であり、そのためには、特別なニーズのある子どもにとってそれぞれに必要な資源が、専門家によって教室に持ち込まれていき、これが合理的配慮となります。ですから、その教室に誰がいるかによって教室の形が変わるようなイメージになります。ここでも必要なことは、特別なニーズへの丁寧な対応であり、そのためには少人数学級は基本的整備条件の一つであると考えます。

　以上、本稿では、コロナ禍で広がった少人数学級を求める声が、どのような必要性を背景として押し出されているのかについて、多方面から検討してきました。小学校のみ「35人」では不十分であることは明らかであり、今後も声をあげ続けていくことが必要であると考えます。

第3章

学級編制を
考える

久保富三夫 <ruby>久<rt>く</rt>保<rt>ぼ</rt>富<rt>ふ</rt>三<rt>み</rt>夫<rt>お</rt></ruby> 和歌山大学名誉教授／立命館大学プロジェクト研究員

わかりやすい学級編制・教職員定数のしくみと課題

■「本格的な少人数学級制」実現のはじまり

21世紀に入ってからの自治体独自の少人数学級制（以下、**地方裁量による「少人数学級制」**）はその成果とともに様々なゆがみを生み出しました。そこから私たちは二つのことを学びました。一つは、**義務標準法**の抜本的改正による少人数学級制の実現こそが学校教育の諸問題を改善するカギであること、もう一つは、子どもも教職員も幸せになる少人数学級制実現のためには、学級編制と教職員定数のしくみを調査研究によって正確に把握し、その成果を保護者や市民に拡げて、的確な改革要求を形成することです。

「本格的な少人数学級制」実現に向けて、小学校、そして中学校でも35人から30人、20人へと改善していきましょう。高等学校、特別支援学校、私立学校（とくに高校でしょうか）の少人数学級制実現も進めましょう。

本章では、次章につながるように、学級編制・教職員定数の基本的なしくみと課題をお分かりいただくためのお話をさせていただきます。

第2次大戦後の学級編制標準の推移

（1）義務標準法と義務教育費国庫負担法

　最初に、戦後の学級編制標準の変化を簡単にみておきましょう。本章では小中学校などの義務教育諸学校を中心にお話ししますので、高校は括弧内に簡潔に記しておきます。

【表1】学級編制標準の変遷

50人（194 / 年：学校教育法施行規則）　1952年：義務教育費国庫負担法公布
→50人（1958年：義務標準法公布。1959〜1963年度：義務制第1次定数改善計画）
→45人（1964〜1968年度：義務制第2次定数改善計画） （1961年：高校標準法公布。1962年度：普通科等50人、農・水・工等40人） （1967年度：高校第2次定数改善計画。全日制普通科等45人、定時制普通科等40人）
→40人（1980〜1991年度：義務制第5次定数改善計画） 　12年がかりで義務制40人学級実現 （1993年度：高校第5次定数改善計画。全日制普通科等40人）
→小学校1年生のみ35人（2011年：義務標準法改正）　2006年度以降：定数改善計画なし

　1947年3月31日に**教育基本法**とともに**学校教育法**が公布され、続いて同年5月に**同法施行規則**が制定されました。その第19条では、小中学校とも学級は同学年の児童生徒で編制することを原則とすること、特別の場合には異なる学年の児童生徒により編制することができる旨が規定されました。前者を**単式学級**、後者を**複式学級**とよびます。そして、単式学級については「小学校の1学級の児童数は、50人以下を標準とする。但し、特別の場合においては、この標準を超えることができる」（第18条）と定められ中学校にも準用されました。しかし、戦災の影響や中学校までの義務教育年限の延長などの諸事情により学校・教室・教員とも不足し、また、のちに「団塊の世代」といわれる世代の学齢期にあたり、全国的におびただしい「すしづめ学級」が生まれました。**義務標準法**

が制定された1958年当時には50人を超える学級は公立小中学校の総学級数の31％を占めていたといいます。1957年度の各都道府県の学級編制基準によると、同学年の児童生徒で編制する単式学級については、小学校は54（徳島）〜 64人（静岡など）、中学校は52（京都など）〜 60人（青森など）でした[1]。学校教育法施行規則の規定は、現実の前にほとんど効力がなかったのです。義務標準法と、それに先立つ**義務教育費国庫負担法**（1952年公布）が結合することにより、数年かけて、ようやく全国的に50人以下の学級編制がほぼ実現していきました。義務標準法の制定はそれほど大きな出来事でした。

　高校標準法[2]は、1961年に制定されました。小中学校から数年遅れで高校の学級編制標準が改善されてきましたが、1993年度以来、この30年間は40人に据え置かれたままです。

（2）「自然減」の活用による教職員定数改善

　教職員定数の改善は、学級数の減少（児童生徒数の減少による）による教職員定数の減少（自然減）を活用しながら行ってきました。たとえば、50人から45人に切り下げた義務制第2次定数改善計画[3]では教職員定数は5年間で16,277人減少しています（改善増61,683人、自然減77,960人）。児童生徒数の減少期は、比較的少ない財政負担で少人数学級制を推進する好機です。その点では、公立小中学校児童生徒数が740万人以上減少した1980年度からの40年間は大幅な改善を実現する絶好の機会でした。しかし、保護者や教職員、国民からの要求にもかかわらず、12年がかりでの40人学級編制と小1のみ35人学級編制（2011年度）を実現したことにとどまったのは痛恨事です。（4章77頁【グラフ5】参照）

　今後も児童生徒数の減少が続くことは確実であり、現行のままの学級編制標準であれば、教職員定数の自然減が続きます。今度こそ、本格的な少人数学級制推進の好機を逃してはなりません。

2 学級の児童生徒数と教職員定数のしくみ

(1) 義務標準法とは

義務標準法の正式名称は**「公立義務教育諸学校の学級編制及び教職員定数の標準に関する法律」**です。これは、この法律の性格を知る上で大事ですので少し触れておきます。

まず、**「公立」**ですから、主に市区町村立（都道府県立学校も）の学校を対象とする法律であることが分かります。学校教育法や学校設置基準とは異なり、私立・国立学校はこの法律の対象ではありません。次に**「義務教育諸学校」**ですから、小学校、中学校、義務教育学校、中等教育学校前期課程、特別支援学校小学部・中学部が対象です。三つ目に、**「学級編制とそれに連動する教職員定数」**に関する規定です。四つ目に、**「基準」**ではなくそれよりは緩やかな**「標準」**を定めています。国の「標準」に基づいて「基準」を定めるのは都道府県・政令市教育委員会（以下、都道府県）であり、実際に学級編制を行うのは設置者（主に市区町村）です。

(2) 学級編制のしくみ

【表2】学級編制の標準

小学校、中学校、義務教育学校、中等教育学校前期課程（法第3条2項）	小学校	中学校
単式学級（同学年の児童生徒で編制する学級）	小1のみ35人 他は40人	40人
複式学級（二の学年の児童生徒で編制）	16人 8人 （1年生を含む場合）	8人
特別支援学級	8人	8人
特別支援学校小学部、中学部（法第3条3項）	6人（重複障害3人）	

本章では紙幅の制約から特別支援学校についてのお話ができず、残

念です。当面、ようやく策定されようとしている**特別支援学校設置基準**の内容に注目してください。学級編制の標準は現行のままとしても、小学部においても1学級に対する教員配置を少なくとも2人以上に改善する必要があります。義務標準法では第11条に関する改正が必要です。

① **単式学級**

　2011年度から、小学校1年生は学級人数上限が35人ですから（小2は法律では40人。加配により35人以下編制）、1年生の児童が36人いたら、18人と18人の2学級になります。71人いたら23人2学級と25人1学級です。今後35人編制が実施されると20人台の学級が増えることになり、なかには18人や19人の学級も生まれます。編制標準が30人になると20人台前半の学級が多く生まれ本格的な少人数学級制に近づきます。たとえば、学年の児童が91人であれば、22人1学級と23人3学級です。20人編制になると10人台前半の学級が増えます。それでは少なすぎるという意見もありますが、もしもそうであるならば、内容により学級を合同して授業を行うなど、さまざまな工夫が可能です。

② **複式学級**

　児童生徒数が少ない学校では、二つの学年の児童生徒によって学級を編制することがあります。**複式学級**です。たとえば、小学校1年生5人、2年生4人、3年生12人、4年生8人、5年生6人、6年生7人の小学校であれば、1年生5人で単式学級（1年生と2年生を合わせると9人なので）になります。2年生以上の編制は学校の方針によっていろいろ考えられますが、2年生と3年生で複式学級（16人）、4年生と5年生で複式学級（14人）、6年生7人で単式学級とすることが多いのではないでしょうか。中学校の場合は、二学年で8名以下の場合に複式学級になります。複式学級の教育的効果を否定してはなりませんが、編制標準を現行よりも少なくすることは大事なことでしょう。それは、小規模校の統廃合を防ぎ、地域に学校を存続させることにもつながります。

③ 特別支援学級

通常学校における特別支援学級の編制標準は8人であり極めて過大です。ただちに、6人、さらに4人以下に切り下げる必要があります。また、三つの学年以上で学級を編制している実態が多いですが、せめて二つの学年に限るべきです。

④ 学級編制の基準

このように義務標準法の規定通りに編制した場合の学級数を**標準学級数**と呼びます。実際には、法で定める標準をふまえて各都道府県が独自の基準を定めており、市町村は概ねその基準に基づいて学級編制を行っています。国の標準を下回る基準設定容認が明記された2001年の法改正以後、地方裁量「少人数学級制」が各地で実施されてきました。こうして、実際に編制された学級数を**実学級数**と呼び、実学級数と標準学級数の差を**増学級数**とします。式で表すと次のようになります。

実学級数－標準学級数＝増学級数（4章78頁〜79頁）

（3）教職員定数の決まり方

義務標準法で算定される都道府県ごとの教職員定数を**標準定数**とよび、**基礎定数**（標準定数の9割以上）と**国庫加配定数**から構成されます。標準定数とは、国庫負担の対象となる教職員（教員＋職員）の人数と言えるでしょう。式で表しますと次のようになります。

標準定数＝基礎定数＋国庫加配定数

① 基礎定数とは

基礎定数は、義務標準法の規定に基づき機械的に算定されます。各都道府県の**ほとんどの教員基礎定数**は、標準学級数に学校規模（学級数）による段階ごとの**「乗ずる数」**を掛けて積算することにより決まります（法第7条1項1号）。この「乗ずる数」は、たとえば、「12学級から15学級までの小学校」なら「1.210」です。「1学級及び2学級の小学校」の場合だけ

は「1」ですが、それ以外は、小学校、中学校ともに、すべて「1」を上回る数値です。前述の「1.210」について補足すると、「1」は学級担任教員数分であり、残りの「0.210」は学級担任以外の教員数分です（4章84頁）。

教員基礎定数≒標準学級数×乗ずる数（学校規模段階別）

　このように、標準学級数が教員定数の中心を占める基礎定数算定の大本です。児童生徒の人数が同じでも、学級編制の標準が小さくなれば標準学級数は増え、それに基本的に1を超える「乗ずる数」を掛けますから、学級数の増加以上に教員基礎定数が増えます。そうすると教員標準定数が増えます。学級編制の標準が教員標準定数を大きく左右することがお分かりいただけると思います。地方裁量「少人数学級制」による増学級数は教員基礎定数には連動しません。しかし、義務標準法の学級編制標準が改正されると、すでに地方裁量「少人数学級制」により35人以下学級を実現しているところでも、標準学級数が増大しますから教員基礎定数はさらに増えるのです（4章84～85頁）。

② 国庫加配定数とは

　国庫加配定数とは、①の基礎定数に加えて、国が人件費負担する対象の教員を配置することです。「加配」には都道府県・市町村費によるものもありますので、それらと区別して「国庫加配」と言います。1980年度に新設されて以来、増やされ続け、2019年度には基礎定数約63万3千人に対して約5万3千人（標準定数の約8%）にまで増やされています。国庫加配の目的は、学校統合やいじめ・不登校への対応など児童生徒支援、特別支援教育、主幹教諭配置、研修などさまざまです（法第15条1～6号）。しかし、国庫加配は「定数」とはいっても、毎年安定的・継続的に配置されるものではありません。国庫加配定数の算定条件基準はなく、文科省と財務省との財政折衝で予算額が決まるという不安定なもので、正規教員採用計画に反映できず非正規教員を増やす要因ともなっています（4章80頁）。また、文科省がやりたい、やらせたい「教育改革」施策

を実施する都道府県に重点的に加配するなど、政策誘導に利用されやすいという問題もあります。

③ 教員基礎定数の基本的な算定方法

　教員基礎定数は基本的にどのように算定されるのでしょうか。五つのことを確認しておきましょう。

・義務標準法により算定されるのは都道府県ごとの教職員総数（標準定数）です。

・【表3】の標準学級数は、普通学級と特別支援学級を合わせた数です。

・【表3】で算定されるのは、副校長・教頭・主幹教諭・指導教諭・教諭・講師・助教諭（以下、**教頭及び教諭等**）の基本的な教員基礎定数です。

・学校ごとの（学級数による）具体的な**教員配当基準**は都道府県教育委員会が決めます。

・標準学級数×「乗ずる数」は、学校ごとの教員配当数のおおよその目安にはなります。これは本章第5節（66〜67頁）でお話いたします。

（1）教員（教頭及び教諭等）の基本的な基礎定数算定方法

　【表3】は、A県の教員の基本的な基礎定数算定方法です。A県には、【表3】のような学校規模（学級数）の公立小学校が36校、公立中学校が18校あるとします。標準学級数×「乗ずる数」を積算することにより、A県の基本的な教員基礎定数が算定されます。法第7条1項1号には、「学校規模ごとの学校の学級総数に当該学校規模に応ずる同表の下欄に掲げる数を乗じて得た数」（傍点筆者）と規定しています。そして、「一未満の端数を生じたときは、一に切り上げ」ます。

　7学級の小学校は10校ありますから、その学級総数は70学級です。これに「乗ずる数」1.264を掛けます。70×1.264＝88.480。ここで切り上

げて89人です。学校規模ごとに同様の計算をして、その結果を合計します。小学校は499人、中学校は331人であり、**A県の教頭及び教諭等の基本的な教員基礎定数は、小中学校あわせて830人になります。**

　次に、特別支援学校の小学部・中学部、中等教育学校の前期課程（中学校と同じ）、義務教育学校（前期課程は小学校、後期課程は中学校と同じ）の教頭及び教諭等の教員基礎定数を算定します。それが270人だとします。これを小中学校の830人に加えると、**A県の義務教育諸学校の教頭及び教諭等の基本的な教員基礎定数は1,100人となります。**

【表3】教員基礎定数（校長、養護教諭、栄養教諭を除く）の算定方法（法第7条1項1号）

【例】A県の小学校

7学級の学校	10校	7×10×1.264 = 88.480	89人（1未満の端数切り上げ）
9学級の学校	6校	9× 6×1.249 = 67.446	68人（同上）
12学級の学校	10校	12×10×1.210 =145.200	146人（同上）
15学級の学校	6校	15× 6×1.210 =108.900	109人（同上）
18学級の学校	4校	18× 4×1.200 = 86.400	87人（同上）
合計	36校	499人（教頭36＋学級担任406＋学級担任外57）	

【例】A県の中学校

7学級の学校	5校	7× 5×1.725 = 60.375	61人（1未満の端数切り上げ）
9学級の学校	3校	9× 3×1.720 = 46.440	47人（同上）
12学級の学校	5校	12× 5×1.570 = 94.200	95人（同上）
15学級の学校	3校	15× 3×1.560 = 70.200	71人（同上）
18学級の学校	2校	18× 2×1.557 = 56.052	57人（同上）
合計	18校	331人（教頭18＋学級担任203＋学級担任外110）	

（2）教職員（教員＋職員）基礎定数

　これに、各校1名の校長を加えて、さらに、養護教諭、栄養教諭（および学校栄養職員。以下、栄養教諭等）、事務職員を加えます[(4)]。これらの合計が300人だとします。そうすると**A県の義務教育諸学校の基本的な教職員基礎定数が1,400人と算定されます**[(5)]。

（3）教職員標準定数

　教職員基礎定数1,400人に国庫加配定数（100人とします）を加えた数、つまり、1,500人がＡ県の義務教育諸学校の基本的な教職員標準定数となります。先にも述べたように、標準定数とは、国が義務標準法に基づき公認する教職員の人数であり、人件費の国庫負担対象となる人数です。

4　教職員人件費のしくみ

（1）義務教育費国庫負担制度

　Ａ県の教職員の平均人件費に教職員標準定数をかけて算定された金額の3分の1（2005年度までは2分の1）を国が負担して都道府県に交付します。これを**義務教育費国庫負担制度**といいます。あとの3分の2は地方交付税交付金算定の際に都道府県財政力に応じて反映されることになっていますが、これは使途が限定されない一般財源ですから教職員人件費に使われる保障はありません。しかも小泉内閣の「三位一体改革」などにより地方交付税額が大幅に減額されていますので、国庫負担率が3分の1になった2006年度以降、地方教育財政がひっ迫しています。

教職員の平均人件費×教職員標準定数×１／３＝国庫負担額

　このことを定めた法律が**義務教育費国庫負担法**です。たとえば、Ａ県の非正規も含めた教職員平均人件費が640万円（社会保険料などを含む）だとすると、640万円×1,500人＝96億円となり、これが**算定限度額**です。国庫補助額の限度は96億円（算定限度額）×3分の1＝32億円になります。実際に、地方裁量「少人数学級制」により都道府県の**実支出額**が算定限度額をうわまわっても、国はこの32億円の他に交付することはありません。逆に、実支出額が算定限度額を下回った時には実支出額の3分の1のみが交付されます。

（2）総額裁量制と「定数くずし」

そして、この32億円は教職員人件費であればどのように使おうとA県の自由裁量です。たとえば、人件費を様々な方法（正規教職員の給与・手当削減、常勤講師や非常勤講師の雇用増大など）で引き下げて、浮かせた分で教職員数実数を増やしてもよいしその逆もよいのです。これを**総額裁量制**といい、まさに「どんぶり勘定」ですが、地方分権の名のもとに2004年度から導入されました。これは、2001年の義務標準法改正（第17条。高校標準法では第23条）により、非常勤講師や再任用短時間勤務者の勤務時間を合計して常勤教職員の定数に換算し国庫負担の対象とすることを認める、いわゆる**「定数くずし」**とともに、21世紀になってからパートタイムの教員が増え続けている要因となっています（4章93頁）。

⑤　各学校への教員配当数

（1）配当基準の決まり方

【表4】各学校への教員配当数（校長、養護教諭、栄養教諭を除く）の目安（参考）

学級数	小学校	宮崎県配当基準・小学校	中学校
7	7×1.264＝ 8.848　8or 9	9（教頭1、担任外1）	7×1.725＝12.075 12or13
9	9×1.249＝11.241 11or12	11（教頭1、担任外1）	9×1.720＝15.480 15or16
12	12×1.210＝14.520 14or15	14（教頭1、担任外1）	12×1.570＝18.840 18or19
15	15×1.210＝18.150 18or19	18（教頭1、担任外2）	15×1.560＝23.400 23or24
18	18×1.200＝21.600 21or22	21（教頭1、担任外2）	18×1.557＝28.026 28or29

※宮崎県の配当基準は2015年度。山崎洋介・ゆとりある教育を求め全国の教育条件を調べる会『いま学校に必要なのは人と予算』新日本出版社、2017年、190〜191頁の図表27に基づき、久保が作成。

各学校への教員配当基準は、前述の基礎定数に基づきながら、具体的には都道府県教育委員会が定めます。【表4】には、2015年度の宮崎県の小学校に関する教員配当基準を記載していますが、学級数に「乗ずる数」を掛けた人数を標準としていること（切り上げるか切り下げて整数に

している）が分かります。中学校も同様です。実際には、各種の加配があり、県費教員以外に市町村費教員もおり、また、非常勤講師等もいますから、学校に勤務する実際の教員人数は配当基準よりも多くなります。

（2）「乗ずる数」の大幅な数値改善

　【表4】から分かるように、現行の「乗ずる数」では、小学校においては担任外の教員、すなわち、専科教員などの確保が困難です。たとえば、宮崎県の12学級の小学校では、教頭を除く担任以外の教員は1人だけです。「乗ずる数」の数値を大きくすることが、学級担任はじめ教員の長時間過密労働を改善するうえで重要な課題であることがお分かりいただけるのではないでしょうか。教科担任制の中学校においても同様です（4章87頁）。

　義務標準法改正を伴わない地方裁量「少人数学級制」は、非正規教員、とくに、増学級の担任としての臨時的任用者（常勤講師）を増やすことになっています。そして、増学級によって学校の総授業時数は当然増えますが、担任以外の教員増が伴いませんので[6]、教員の授業担当時数増につながります（4章78～79頁）。さらに、義務標準法改正により学級編制標準が引き下げられたとしても、「乗ずる数」が現行のままであるならば授業担当時数が増える場合があります（4章86頁【表1】）。教員の長時間過密労働を改善するためには、義務標準法改正による学級規模の縮小とともに「乗ずる数」の大幅な数値改善が必須事項です。

❻ 21世紀の学級規模と教職員定数をめぐる動向から学ぶ改善課題

　学級編制・教職員定数のしくみについての基本的な事柄をわかっていただけたでしょうか。最後に、これまでお話してきたことと重なりますが、改善すべき課題を四つ、述べておきたいと思います。

一つは、義務標準法を改正し（学級編制標準の切り下げ、「乗ずる数」の大幅な数値増大、「定数くずし」廃止）、正規教員の採用拡大を行うことによる少人数学級制推進の重要性です。

　二つ目には、教職員定数改善計画策定の重要性です。第7次定数改善計画の後、2006年度以来現在まで15年間にわたって定数改善計画が存在しない異常な事態が常態化しています。不安定な加配に依存する定数改善では、都道府県にとっては次年度の教職員定数が予測できませんから、正規教員の採用を計画的に増やすことはできません。

　三つ目には、義務教育費国庫負担制度の改善です。具体的には、総額裁量制の廃止と国庫負担率を2005年度までの2分の1に戻すことです。また、地方交付税の財政保障機能の拡充、増額も必要です。

　四つ目として、ＯＥＣＤ（経済協力開発機構）加盟国で最低水準の**ＧＤＰ比公財政教育支出**[7]（2017年：初等教育段階から高等教育段階までは2.9％）をせめて平均並み（4.1％）に引き上げることです。日本のＧＤＰは近年では550兆円を超えていますから、たとえば1％引き上げるなら、教育支出を5兆5千億円程度は増やすことができるのです。2020年度の文科省関係予算（当初）が5兆3千億円でしたから、ほぼそれに匹敵する額です（文教関係予算は約4兆円）。

◉注
1) 佐藤三樹太郎『学級規模と教職員定数—その研究と法令の解説—』第一法規、1965年、39〜41頁。
2) 当初は「公立高等学校の設置、適正配置及び教職員定数の標準等に関する法律」。2001年改正により「公立高等学校の適正配置及び教職員定数の標準等に関する法律」と題名（名称）を変更しました。
3)「定数改善計画」とは正確には「教職員定数改善計画」のことです。学級編制標準の引き下げや国庫加配定数の計画的整備等を図るために、義務教育諸学校については、第1次（1959〜1963年度）から第7次（2001〜2005年度）まで、主に5か年計画がほぼ切れ目なく策定されてきましたが、第7次定数改善計画終了の後、今日に至るまで策定されていません。高等学校についても、第1次（1962〜1966年度）から第6次（2001〜2005年度）まで、ほぼ連続して策定されてきましたが、義務制と同様に2006年度以降、計画は策定されていません。
4) 養護教諭は3学級以上の学校に1人、児童数851人以上、生徒数801人以上の小中学校には複数配置、事務職員は4学級以上の学校に1人、3学級の学校の4分の3に1人。栄養教諭等についてはとても複雑なので、詳しくは義務標準法第8条の2を参照してください。
5) 教職員基礎定数は、この他に教頭（副校長）の複数配置、生徒指導担当、少人数指導等の担当教員、分校の管理責任者、寄宿舎舎監、通級による指導担当、日本語指導担当、初任者研修担当、寄宿舎指導員、事務職員の複数配置や就学援助多数校配置などが加わります。
6) 山﨑洋介・ゆとりある教育を求め全国の教育条件を調べる会『いま学校に必要なのは人と予算—少人数学級を考える』新日本出版社、2017年、21頁、「グラフ3」参照。
7) 国と地方公共団体が教育に支出した金額が国内総生産（ＧＤＰ）に対して占める割合。

第4章

"本格的少人数学級制"
実現へのプラン

進めよう！
本格的な少人数学級制へ

20人学級は計画的に実現できる

　終戦直後、空襲で校舎を失った学校では、「青空教室」により教育が再開されました。教室や教科書がなくても、教員と児童生徒がいれば、教育は成り立つのです。人が人を教え導くという営みである教育において、教員は最大の教育条件です。ですから、教員の数を増やせば、「ゆとりある」「ゆきとどいた」「豊かな」教育を実現する条件が広がります。しかし、教育費全体の7〜8割を占める教職員人件費は巨額で、国・自治体は、その財政負担をできるだけ安く抑えようと努めてきました。教職員標準定数とその人件費負担の算定基準となる学級数を大きく増やすこととなる少人数学級制（3章60頁参照）が、ずっと教育現場からは切望され、国・自治体からは拒まれてきた最大の理由は、ここにあります。したがって、少人数学級制実施のためには、教職員を増やす必要があり、その人件費のための予算をいかに確保するのかが焦点となります。

　この章では、本格的な少人数学級制の実施が、現在の教育をどのように変える可能性をもっているのか、そのためにはどのような内容の制度とすべきか、そして、どのような方法で実現するべきかについて述べたいと思います。

① 学級人数を減らし、ゆとりある豊かな学びを可能とする

　人々が少人数学級制に期待することは、学級の人数が減ることによる教育指導の効果でしょう。新型コロナウイルス対策のための休校から学校を再開した際、多くの学校で行われた「分散登校」は、一時的で特別な措置ではありましたが、20人以下学級の大規模な社会実験の場となりました。そこでは、「発言や活躍の機会が増えた」「じっくり話が聴いてもらえた」「大声を出さなくてもすごせた」「不登校だった子が登校できた」などの声が上がり、単に感染症対策のための「密」回避だけでなく、様々な教育効果が実感できたのです。同時に、この経験は、日本の教育条件がいかに貧しいものであるのかを、人々に再認識させたともいえます（1章参照）。

　世界の国々が、学力向上だけではなく、アクティブラーニング、インクルーシブ教育、持続可能な開発のための教育（ESD）などの新しい教育の実施、実現のために必須の条件として、学習や生活の基礎である学級の人数を少人数とする中、日本政府は学級編制上限を40人（小1は35人）に止め置いてきました。その結果、経済協力開発機構（OECD）の2017年度の統計[1]によると、日本の平均学級人数は、初等教育（小学校）で27.0人（OECD平均21.0人）、前期中等教育（中学校）で32.2人（OECD平均22.9人）と、調査国最低レベルの多さとなっています。日本は、教育のグローバルスタンダード（世界的標準）から取り残されてしまっているのです【グラフ1、2】。

　来年度以降、文科省の計画どおり、小学校[2]での35人学級制が実現しても、その状況を大きく改善することにはならないでしょう。特に、36人以上の学級が21％（2019年度）を占める中学校での少人数学級制が見送られることは、まったく不十分です【グラフ3、4】。

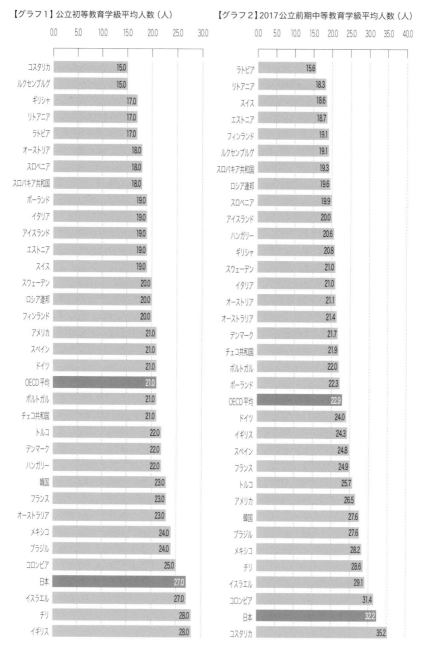

【グラフ1】公立初等教育学級平均人数（人）

国	人数
コスタリカ	15.0
ルクセンブルグ	15.0
ギリシャ	17.0
リトアニア	17.0
ラトビア	17.0
オーストリア	18.0
スロベニア	18.0
スロバキア共和国	18.0
ポーランド	19.0
イタリア	19.0
アイスランド	19.0
エストニア	19.0
スイス	19.0
スウェーデン	20.0
ロシア連邦	20.0
フィンランド	20.0
アメリカ	21.0
スペイン	21.0
ドイツ	21.0
OECD平均	21.0
ポルトガル	21.0
チェコ共和国	21.0
トルコ	22.0
デンマーク	22.0
ハンガリー	22.0
韓国	23.0
フランス	23.0
オーストラリア	23.0
メキシコ	24.0
ブラジル	24.0
コロンビア	25.0
日本	27.0
イスラエル	27.0
チリ	28.0
イギリス	28.0

【グラフ2】2017公立前期中等教育学級平均人数（人）

国	人数
ラトビア	15.6
リトアニア	18.3
スイス	18.6
エストニア	18.7
フィンランド	19.1
ルクセンブルグ	19.1
スロバキア共和国	19.3
ロシア連邦	19.6
スロベニア	19.9
アイスランド	20.0
ハンガリー	20.6
ギリシャ	20.8
スウェーデン	21.0
イタリア	21.0
オーストリア	21.1
オーストラリア	21.4
デンマーク	21.7
チェコ共和国	21.9
ポルトガル	22.0
ポーランド	22.3
OECD平均	22.9
ドイツ	24.0
イギリス	24.3
スペイン	24.8
フランス	24.9
トルコ	25.7
アメリカ	26.5
韓国	27.6
ブラジル	27.6
メキシコ	28.2
チリ	28.6
イスラエル	29.1
コロンビア	31.4
日本	32.2
コスタリカ	35.2

出典　文科省HP図表でみる教育OECDインディケータ2019より作成

"本格的少人数学級制"実現へのプラン

【グラフ3】2019公立小学校学級規模構成（%）

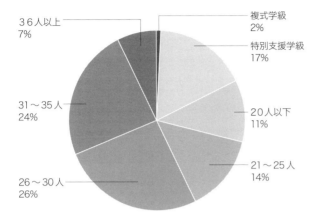

- 複式学級 2%
- 特別支援学級 17%
- 20人以下 11%
- 21〜25人 14%
- 26〜30人 26%
- 31〜35人 24%
- 36人以上 7%

【グラフ4】2019公立中学校学級規模構成

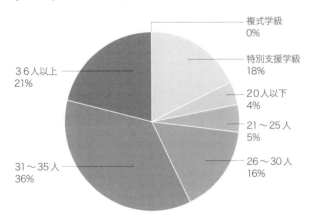

- 複式学級 0%
- 特別支援学級 18%
- 20人以下 4%
- 21〜25人 5%
- 26〜30人 16%
- 31〜35人 36%
- 36人以上 21%

出典　文科省HP　図表でみる教育OECDインディケータ2019より作成

② 教職員を増やし、教育予算を増やす

　義務標準法（以下、法と呼ぶ）改正により少人数学級制を実施すると、学級の人数が減らせるだけでなく、教職員数が増やせます。そして、毎年の財政折衝の結果、編成された単年度の予算額の範囲内でやりくり算段して行政施策を施行するという一般的な財政とは違い、現場の教育的必要性（ニーズ）によって法で決められた条件基準を満たせば、政府は必要な教職員人件費のための予算をつけて、必ず自治体に財政保障しなければならなくなるしくみとなっているところが**義務教育費国庫負担制度**のスゴいところです（3章65頁）。

　ところが、教育費の財政負担をできるだけ減らしたい政府は、このしくみをなんとか骨抜きにし、壊そうと努めてきました。そのひとつが、**国庫加配定数**です。政府は、教育現場が切望する、法改正による少人数学級制や「乗ずる数」見直しによる**基礎定数**の改善を実施するのではなく、基礎定数にボーナスのように追加する国庫加配定数をつくり、増やしてきました。「ボーナスのよう」というのは、①国庫加配定数の数が、文科省と財務省との財政折衝の結果、編成された予算の範囲内で、（国会による法改正ではなく、内閣による）政令によって決められ、毎年増減するから②明確な配当基準もなく自治体に配当される、不安定であてのない教職員定数だからです。そのため、自治体は一部の学校にしか国庫加配定数を配当できず、毎年配置校や数が変動します。その結果、教職員数という最も重要な教育条件において、自治体、学校、学年間に格差が生じてしまっています。（3章62頁参照）

　特に、戦後教職員定数を計画的に改善してきた計画が、2005年度を最後に停止させられてからは、基礎定数の改善はほとんど実施されず、国庫加配定数ばかりがほんの少しだけ増やされるということが約15年間続いてきました【グラフ5】。

【グラフ5】公立義務制諸学校教職員定数の改善状況（当初予算）

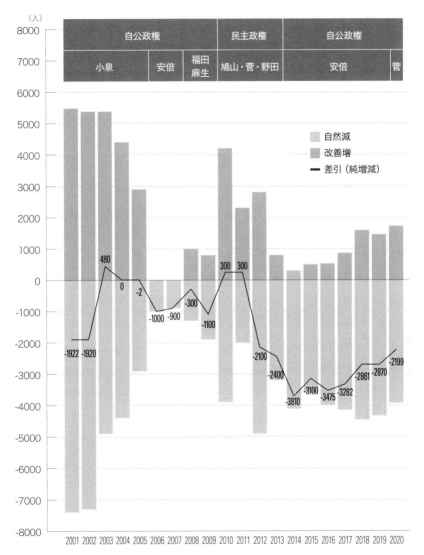

「2005年、第7次教職員定数改善計画が終了以来、改善計画は策定されていない。2010〜2012年は、民主党政権により小1学年35人学級制導入（2011年）などで教職員定数が若干改善されたが、2013年に自・公政権となってからは、改善が小幅なものとなっている。」

少人数学級制と教職員定数増を求める大きな世論に対し、政府は多額な財政保障責任を伴う法改正を避け、若干の国庫加配定数を政令により配当しつつ、自治体が「少人数教育」を独自な方法で実施してもよい裁量権を与えるという政策をとりました。

　2001年の法改正により、自治体が独自に少人数学級制を実施しやすくしました。同時に、一部特定の授業だけを少人数にして指導するための国庫加配定数が法制化されました。2004年度には、自治体が配当された国庫加配定数の一部を使って少人数学級制を行うことを可能としました。その結果、地方裁量「少人数学級制」を実施する自治体が急増しました。（2011年の小1のみ35人学級の法改正に続き）2012年度には小2の学年で、国庫加配定数を使って全国的に35人学級以下としました。その結果、小学校において36人以上となっている学級は、全体の7%（2019年度）に過ぎません【グラフ3】。

　しかし、それらの施策は、安上がりな教育費で、学級（あるいは授業）の人数を減らすことだけを優先したために、肝心の教員を十分に増やさず、期待していた教育効果を上げることができていません。なぜなら、少人数学級制により学級数が増えると、その分の授業時間数が増えますが、法改正なしに学級だけを増やすと、自治体は、国からの十分な教員人件費財政保障が得られず、増学級分の授業を担当するに足る教員数を確保できないからです【グラフ6】。自治体により違いがありますが、少人数化が一部の学校、学年、授業のみでの実施に止まる例、増学級担任分のみの教員数、あるいはそれ以下の非常勤講師しか教員を増やさない例が多いです。その結果、教員数格差を生み出し、教員の授業担当コマ数が多くなって多忙化するなど、公平に教育にゆとりをもたらすと期待された地方裁量「少人数学級制」が、かえって格差をつくり、ゆとりを奪う原因となるという矛盾に、学校現場は苦しんでいます。

【グラフ6】増学級と増教員（数と率）

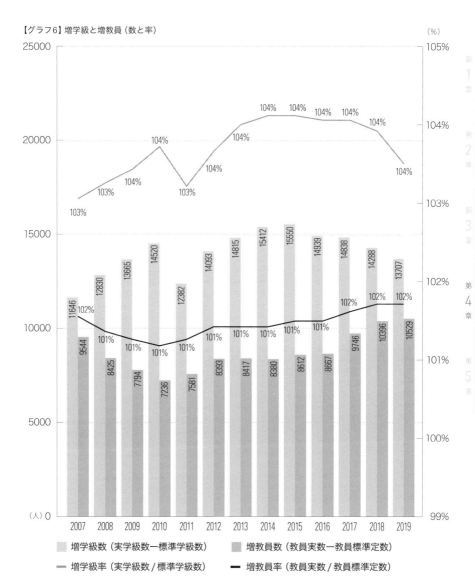

出典　学校基本調査・標準学級数等に関する報告書・教職員実数調査・定数算定表より作成

- 学級が増やされているほど、教員は増やされていない。
- 2015年度までは学級増数、率とも増え続けていたが、それ以降は地方裁量「少人数学級制」の見直しも進み、増学級数、率とも低下傾向にある。
- 一方、2017年度以降、増教員数、率とも増加傾向にある。
- 小1学年35人学級制が成立した2011年度は、法成立が遅れたことで計画どおり増学級できなかった地域があったため、グラフがややイレギュラーとなっている。」

③ 一時的な少人数授業ではなく、恒常的な少人数学級に

　国庫加配定数は、法で定められた様々な教育目的に応じ、自治体に配当されています。そのうち一番数多く配当されているのは、**「指導方法工夫改善加配」**30,831名（2019年度）です。主には、**習熟度別指導、少人数指導、チーム・ティーチング**（T.T.）や小学校英語等の専科指導などに使われています。この「指導方法工夫改善加配」は、文科省により2004年度から少人数学級編制にも活用可能とされ、その選択は自治体の裁量とされました。2019年度には、そのうち10,348名（約33.6%）が「少人数学級制」実施のために活用され、20,483名（約66.4%）がその他の少人数指導等に活用されていました。その活用状況は、自治体によりかなりの差があります【グラフ7】。

　習熟度別指導、少人数指導は、（算数・数学、英語など）一部特定の授業の時だけ、学級集団を少人数に分け授業を行う指導方法です。チーム・ティーチング（T.T.）は授業に複数の教員が入る指導方法ですが、これも常時ではなく一部特定の授業時のみです。20人以下学級であれば、恒常的に少人数で指導できるわけですが、「安上がり」政策のため、一部特定の授業だけ少人数にする方法をとらざるをえなくなっているのです。

　しかし、こうした指導を実施するための一部特定の授業時のみ勤務する**非常勤講師**を大量に必要とし、常勤の教員たちとの十分な打ち合わせもできないまま授業に臨まなければならないといった弊害も生まれています。また、習熟度（＝成績）別で指導することによる子どもの人格形成や人間関係への悪影響なども指摘されています。

　したがって、基本的には、こうした一時的な「少人数授業」のための国庫加配定数を、恒常的な「少人数学級」制実施のための基礎定数に振り替えるべきだと考えます。

【グラフ7】2019年公立小中学校　指導方法工夫改善加配の活用状況（人）
　　　　　少人数学級活用率順都道府県ランキング

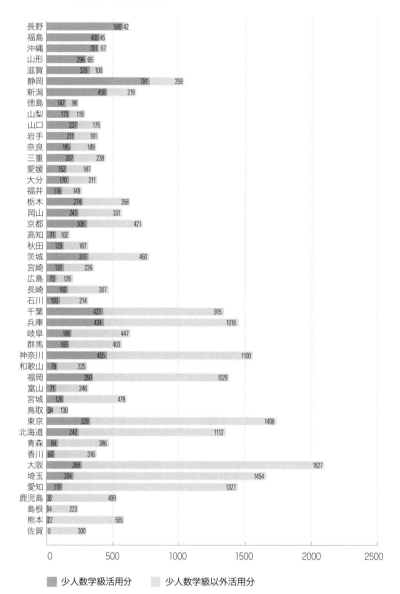

長野　580 42
福島　400 45
沖縄　391 67
山形　296 65
滋賀　328 100
静岡　791 259
新潟　458 219
徳島　147 96
山梨　173 119
山口　237 175
岩手　211 181
奈良　185 189
三重　207 238
愛媛　152 187
大分　170 211
福井　118 149
栃木　274 358
岡山　241 331
京都　306 421
高知　71 102
秋田　129 187
茨城　317 460
宮崎　132 226
広島　73 126
長崎　160 307
石川　100 214
千葉　427 915
兵庫　434 1018
岐阜　188 447
群馬　169 403
神奈川　455 1100
和歌山　79 225
福岡　350 1029
富山　71 246
宮城　128 479
鳥取　34 130
東京　329 1408
北海道　242 1112
青森　84 396
香川　60 316
大阪　268 1827
埼玉　204 1454
愛知　119 1327
鹿児島　32 499
島根　14 223
熊本　22 565
佐賀　0 300

0　500　1000　1500　2000　2500

■ 少人数学級活用分　　■ 少人数学級以外活用分

【図1】

[図2]

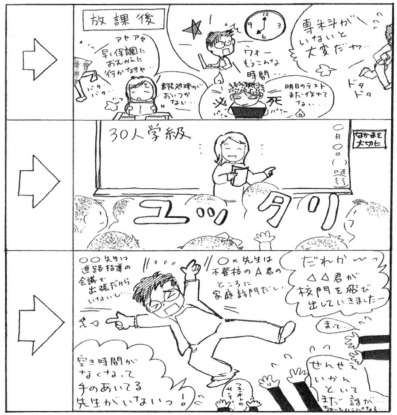

イラスト：澤　真紀

④ 教職員の「ブラック」な働き方を変える

　【図1、2】は、十分な教員配置のない「少人数学級制」が、教育現場に何をもたらしているかをマンガにしてみたものです。教員の授業担当コマ数が増えて、いわゆる「授業空き時間」が減ると、教員は授業準備や成績処理、生徒指導、事務仕事、生徒指導などの業務を「授業空き時間」に行うことができなくなり、時間外労働が増えるなど多忙化し、教育活動のゆとりをなくす結果となります。そのせいか、増え続けていた地方裁量「少人数学級制」施策は、規模を縮小したり、取りやめたりする自治体が増えてきています【グラフ6】。

　長時間過密労働のため、精神疾患を含め健康を害する教員や、離職者が急増し、教員志望者が減って教員不足を招くなどの深刻な事態が起こっています。近年、その働き方が「ブラック企業」と同様だと指摘されるようになりました。その解決のため、**「働き方改革」**のとりくみが行われていますが、この問題を根本的に解決するためには、教員の仕事量を抜本的に減らすか、教員数を増やすしかありません。しかし、教育課題が山積みの教育現場に仕事量を減らすことは望みがたく、教育の質的低下を招く恐れがあるため、やはり教員を抜本的に増やし、授業担当コマ数を減らすしかないでしょう。

　そこで注目するべきは、教員の標準定数の算定に用いられている**「乗ずる数」**（3章61頁参照）です。例えば6学級規模の小学校の場合、「乗ずる数」は1.292ですが、「1」は学級担任数（＝学級数）を、「0.292」は学級担任をしない**担任外教員**数を計算しています。つまり、学級が1つ増えると、この場合、教員は約1.3倍に増えるのです。この「1」以上の小数点以下の「乗ずる数」分で算定され配置される教員が、専科授業などを担当することにより、「授業空き時間」を生み、教員一人当たりの授業担当コマ数を減らすことになるのです。

　ですから、法改正による少人数学級制の実施は、確実にその条件を満たす学校に学級を増やし、教員を増やします。学級人数の少人数化によるテスト採点やノート点検などの業務の軽減や教育指導のしやすさに加え、教員数増は、確実に「ブラック」と表現される教員の働き方の改善につながるでしょう。

　法改正による国からの十分な教職員人件費の保障が行われれば、厳しい自治体独自財政から単年度措置として実施されている地方裁量「少人数学級制」の内容も、改善され、安定したものとなります。一部の学校、学年、学級でしか実施できなかったり、不十分な教員配置数であったりする現行制度の矛盾も、より充実したものに改善することができるでしょう。また、学級数増により、教頭（副校長）、学校事務職員などの教職員も連動して定数増となり、生徒指導担当や学校規模により加配される基礎定数も増やされます。このように、法改正による少人数学級実施は、地方裁量「少人数学級制」の不十分な点を是正し、その矛盾を解決する方向に働くことは間違いありません。

　しかし、法改正が学級編制標準の改善（学級上限人数の少人数化）だけに止まれば、教員の働き方を抜本的に改善するところまではいけないでしょう。なぜなら、それだけでは、教員の授業担当コマ数を抜本的に減らすことにはならないからです。また、少人数学級制の導入をできるだけ「安上がり」にしようと、基礎定数が増やされた分、現行の国庫加配定数が大幅に減らされることとなると、担任外教員数が減って授業担当コマ数が増える教員がでてきてしまう恐れもあります。

　【表1、2】は、小学校と中学校の少人数学級制実施で学級が増えた場合の教員の増え方と、教員1人当たりの平均授業担当コマ数の変化をシミュレーションしたものです。

【表1】小学校　学級数と教員1人あたりの週平均授業担当数モデルケース

学年学級数〈クラス〉	総学級数〈クラス〉	乗ずる数	教員基礎定数（小数点以下四捨五入）〈人〉	教頭（1名）を除いた教員数〈人〉	担任外基礎教員数〈人〉	学校全体の週授業数〈コマ〉	週平均授業担当数（小数点1位以下四捨五入）〈コマ〉
A	B(A×6)	C	D(B×C)	E(D-1)	F(E-B)	G	H(G/E)
1	6	1.292	8	7	1	165	23.6
2	12	1.21	15	14	2	330	23.6
3	18	1.2	22	21	3	495	23.6
4	24	1.165	28	27	3	660	24.4
5	30	1.15	35	34	4	825	24.3

【表2】中学校　学級数と教員1人あたりの週平均授業担当数モデルケース

学年学級数〈クラス〉	総学級数〈クラス〉	乗ずる数	教員基礎定数（小数点以下四捨五入）〈人〉	教頭（1名）を除いた教員数〈人〉	担任外基礎教員数〈人〉	学校全体の週授業数〈コマ〉	週平均授業担当数（小数点1位以下四捨五入）〈コマ〉
A	B(A×3)	C	D(B×C)	E(D-1)	F(E-B)	G	H(G/E)
2	6	1.75	11	10	4	174	17.4
3	9	1.725	16	15	6	261	17.4
4	12	1.57	19	18	6	348	19.3
5	15	1.56	23	22	7	435	19.8
6	18	1.557	28	27	9	522	19.3

※週授業数は学習指導要領の標準授業時間数より算定
※特別支援学級、複式学級は考慮していない。義務教育学校も考慮していない。

　実際には、学級担任や主任などの役を担当するか、どの学年を担当するか、加配の教員がいるかなどにより、個々の教員の授業担当コマ数は変わってきます。また、教科担任制をとる中学校では、増やされる教員がどの教科の教員となるかで教科担当教員間に必ず差が出るのですが、平均してみたときに、学級数が増えるほど授業担当コマ数がやや増える傾向にあることがわかります。したがって、教員の長時間過密労働を解消し、「ブラック」な働き方を改革するには、少人数学級制とともに、「乗ずる数」の数値の改善が必須です。

　では、そもそも、この「乗ずる数」の数値はどのように決められているのでしょうか。それは法が作られた時、当時の学習指導要領の週あたり標準授業時間数と労働時間から、小学校教員は26コマ（授業単位時間45分）、中学校は24コマ（授業単位時間50分）の授業を担当することを想定して計算された数値でした。その後、学習指導要領改訂で標準授業時間が増やされたり、教員の担当する業務が増加したりしたことなどを考慮して、数度にわたり「乗ずる数」の数値は改善されてきました。それがいつの間にか、こうした教員の業務量にもとづく数値改善という考え方があいまいになり、1993年法改正を最後に、その後は学習指導要領改訂で標準授業時間が増やされても、数値は改善されていません。

　文科省は、「一時間当たりの指導時数に対しまして、その準備等の校務にかかるものがそれと同程度」（2016年国会答弁）としており、教員が勤務時間内に十分な授業準備を行って授業に臨むためには、当面、小学校は20コマ、中学校は18コマ、高校は15コマくらいを授業担当コマ数の上限（平均ではない）とするべきだと考えます。実際の教員の勤務実態の調査と研究から、しかるべき「乗ずる数」を設定しなおし、担任外教員数を増やすことが、教育の充実と働き方改善をはかるカギとなります。

⑤ 非正規教職員を正規にしやすくなる

「公立学校の教職員は公務員だから、恵まれていていいな」と思っておられる方が多いかもしれませんが、民間の会社と同様に、学校に働く教職員にも、期間の定めの有る（有期）**非正規教職員**が増やされています。公立小中学校の都道府県・政令市費の非正規教職員だけで10万人を超え、10年前の約1.5倍に増えています【グラフ8】。市区町村に雇われている非正規教職員を加えたら、もっとたくさんいます。平均すると教職員全体の16.3％（2019年度）は非正規【グラフ9】となっており、自治体や学校によって率が高いところがあります【グラフ10】。学校種別では、特に、特別支援学校や、定時制高校、偏差値の輪切りにより「底辺校」と呼ばれたりする教育困難な高校には、その傾向が強いようです。

個々の非正規教職員は教育活動に全力をあげ、毎日の教育活動で不可欠な役割を発揮しておられます。特に経験豊かな非正規教職員は、正規と同様あるいはそれ以上の役割をしておられる例も多く、もはや、非正規教職員の存在なくして、学校は一日たりと成立しない状況であるといってもよいと思います。

ですから、非正規教職員だからといって、決して教職員としての専門的力量が劣っているわけではない（教員は教員免許がないとできません）のですが、身分不安定で賃金・労働条件の劣悪な非正規教職員の配置拡大、多用は、学校の教育活動に猶与できない影響を与えている大問題となっています。

非正規教職員が増やされてきた理由が、少人数学級の実施と関係しているため、あわせて考えるととともに、非正規教職員を正規とする本格的な少人数学級制の実施方法について考えてみたいと思います。

【グラフ8】2007 〜 2019公立小中学校非正規教職員数（人）

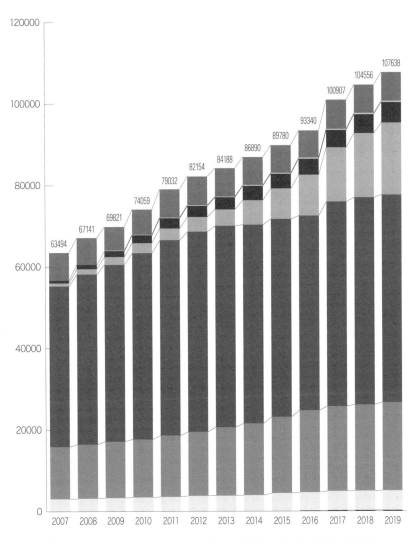

【グラフ9】2001 ～ 2019公立小中学校非正規教職員率（全国計）

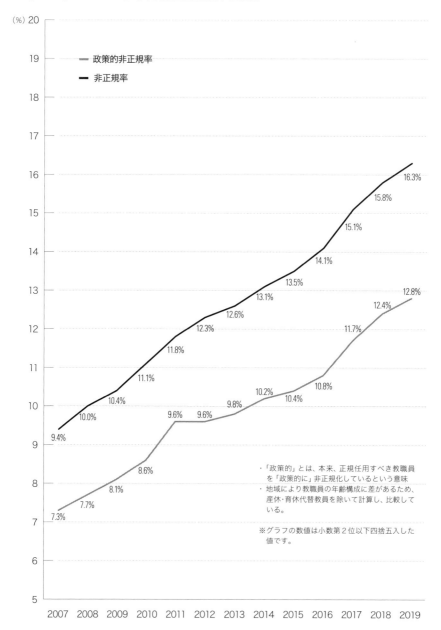

- 政策的非正規率
- 非正規率

・「政策的」とは、本来、正規任用すべき教職員
　を「政策的に」非正規化しているという意味
・地域により教職員の年齢構成に差があるため、
　産休・育休代替教員を除いて計算し、比較して
　いる。

※グラフの数値は小数第2位以下四捨五入した
　値です。

非正規率: 9.4% 10.0% 10.4% 11.1% 11.8% 12.3% 12.6% 13.1% 13.5% 14.1% 15.1% 15.8% 16.3%

政策的非正規率: 7.3% 7.7% 8.1% 8.6% 9.6% 9.6% 9.8% 10.2% 10.4% 10.8% 11.7% 12.4% 12.8%

2007 2008 2009 2010 2011 2012 2013 2014 2015 2016 2017 2018 2019

【グラフ10】2019公立小中政策的非正規教職員率（%）

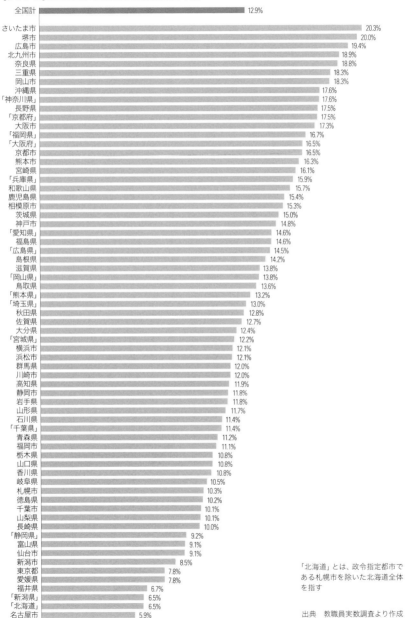

全国計	12.9%
さいたま市	20.3%
堺市	20.0%
広島市	19.4%
北九州市	18.9%
奈良県	18.8%
三重県	18.3%
岡山市	18.3%
沖縄県	17.6%
「神奈川県」	17.6%
長野県	17.5%
「京都府」	17.5%
大阪市	17.3%
「福岡県」	16.7%
「大阪府」	16.5%
京都市	16.5%
熊本市	16.3%
宮崎県	16.1%
「兵庫県」	15.9%
和歌山県	15.7%
鹿児島県	15.4%
相模原市	15.3%
茨城県	15.0%
神戸市	14.8%
「愛知県」	14.6%
福島県	14.6%
「広島県」	14.5%
島根県	14.2%
滋賀県	13.8%
「岡山県」	13.8%
鳥取県	13.6%
「熊本県」	13.2%
「埼玉県」	13.0%
秋田県	12.8%
佐賀県	12.7%
大分県	12.4%
「宮城県」	12.2%
横浜市	12.1%
浜松市	12.1%
群馬県	12.0%
川崎市	12.0%
高知県	11.9%
静岡市	11.8%
岩手県	11.8%
山形県	11.7%
石川県	11.4%
「千葉県」	11.4%
青森県	11.2%
福岡市	11.1%
栃木県	10.8%
山口県	10.8%
香川県	10.8%
岐阜県	10.5%
札幌市	10.3%
徳島県	10.2%
千葉市	10.1%
山梨県	10.1%
長崎県	10.0%
「静岡県」	9.2%
富山県	9.1%
仙台市	9.1%
新潟市	8.5%
東京都	7.8%
愛媛県	7.8%
福井県	6.7%
「新潟県」	6.5%
「北海道」	6.5%
名古屋市	5.9%

「北海道」とは、政令指定都市である札幌市を除いた北海道全体を指す

出典　教職員実数調査より作成

非正規教職員が増やされるのは、その人件費が安いからです。それは、民間と同じです。自治体により違いはありますが、一番数が多い**臨時的任用教員**（正規とほとんど同じ仕事だが任期は1年以内）は、正規に比べ給与レベルが低い上、昇給が10年目くらいで頭打ちになるところが多く、正規との生涯給与差は、3500万円くらいになります。これは給与分だけなので、退職手当などを含む差となると、1億円くらいの差がつくかもしれません。しかも、ずっと継続して雇われる保証はまったくありません。パートタイムで働く**非常勤講師**となると、待遇はもっと悪く、担当授業コマ数ごとに2千数百円の報酬（給与ではない）が支払われるだけです。授業準備や成績処理、授業間の待機時間などは無給であることが多く、拘束される実質的な労働時間の対価が支給されないケースがほとんどです。生活のため、兼業でアルバイトをしたり、生活保護を受給して働いていた先生もいらっしゃるほどです。

　昔から、正規の教職員の産休・育休・病休などの代わりの教職員はいらっしゃいましたが、今は条例で定める教職員定数内で雇われる非正規教職員が急増しており、自治体は明らかに正規で雇うべき教職員分まで、意図的に非正規で雇っているとしか考えられません。

　前述したように、非正規だからといって専門的な力量が劣るわけではありませんが、上記のような待遇での働き方の実態では、力を十分に発揮することはできません。高い専門性を必要とする教職員の仕事は、現場での経験を積むことにより実践的に鍛え上げられるものです。一定期間同じ現場で安定して教育活動を続けられなければ、子どもや職員との人間関係をつくり、その中で専門性を磨いていくことを制限されてしまいます。採用試験倍率とからめて教職員の質を問う論調もありますが、決して個人責任の問題ではなく、**教育全体の問題**としてとらえるべきだと思います。

⑥ 「教員不足」を解消する

　各地で産・育休や病休の代替教員が見つからず、深刻な未配置状況が発生しています。そんな現状では、少人数学級制のための教員が足りないとする心配意見があります。また、教員志望者が減り、教員採用試験の倍率が下がっていることを憂慮する声もあります。

　そこで、まず提案したいことは、非常勤講師などパートタイム教員をフルタイム化することです。1人分の人件費で2〜3人分のパートタイム教員を雇う（定数くずし3章66頁参照）ことにより、人件費の抑制・削減を図るねらいもあり、パートタイムの教員が年々増やされ、2019年度の公立小中学校の（国庫負担対象）非常勤講師実人数は、全国で27,728名（5月1日時点）に達しました。その総労働時間をフルタイムの労働時間に換算した**「換算数」**では、7,701人分となります。労働時間や人件費は2分の1や3分の1に割ることができても、生きている人間は割れませんから、単純に考えれば、フルタイムの仕事ができる27,728人の教員に7,701人分の仕事しか与えず、その差の20,027人分の労働力を「空費」したことになります。だから教員が「足りなく」なっているのだともいえます。したがって、パートタイム教員を大量に必要とする少人数授業などをやめ、フルタイム教員（できれば正規職）にすれば、「空費」を防ぎ、教員の力をそれぞれ十分に発揮していただけると思います。

　そして、教職員の安定的な確保のためには、法改正により少人数学級制や「乗ずる数」改善などを今行い、中長期的な教職員定数改善計画を立てることです。そうしてはじめて自治体は、国の財政保障のもと、安心して計画的に教職員の養成を行い、正規採用を増やし、待遇を改善し、教室等を準備することができるからです。それらは、教職員の働きがいの向上、病気特休者や早期退職者の減少、志望者の増をもたらし、教職員不足を解消するでしょう。

7 20人学級制をめざし 段階的に少人数学級制を実現する方法

　本格的な少人数学級制の実施は、学級の子どもの人数を少なくすることで、感染防止やゆとりある、ひとりひとりを大切にする教育を実現するだけにとどまらず、教職員の長時間過密労働や、非正規化進行といった教育界の諸課題を解決することで、現在の学校教育のありようを抜本的に改革し、教育の未来を拓く可能性をもっています。

　しかし、これまでその実現を阻んできたものは、教職員の人件費の財政保障問題であったということが、本章でわかっていただけたのではないかと思います。そこで、公立小中学校における、本格的な少人数学級制実施に必要とされる財政量を試算しました[3]。

・35人学級制実施には、

　　約900人の教員、国・地方合わせ約1500億円の追加予算

・30人学級制実施には、

　　約4万6千人の教員、国・地方合わせ約5000億円の追加予算

・25人学級制実施には、

　　約8万8千人の教員、国・地方合わせ約8400億円の追加予算

・20人学級制実施には、

　　約11万人の教員、国・地方合わせ約1兆円の追加予算

　2019年の統計による試算の結果、少人数学級制に活用可能な既存の国庫加配定数等を活用すれば、公立小中学校全学年での35人学級制に必要な教員数は876人であり、その人件費は国予算の約0.1％に過ぎないという結果となりました。また、段階的に実施するならば、20人学級実施も現実的に可能な課題だと考えられます。

　以上のことをふまえて、4つの政策提言を行いたいと思います。

> （1）少人数学級制に活用可能な既存定数も活用し、来年度から小中全学年で35人学級制を実施する
> （2）再来年度以降、全学年の学級上限人数を1人ずつ引き下げ15年間ですべての学級を20人以下にする（1年に2人ずつなら8年間で実現）
> （3）その間に教員養成と教室等施設の確保を計画的に進める
> （4）非正規（フル・パートタイム）教員ではなく、正規・フルタイムとして教員を増やす

　もはやグローバルスタンダード（世界的標準）となっている「少人数」学級制を求めることは、決してぜいたくなおねだりではなく、必要最小限の当たり前の「正人数」学級制の保障を求める正当なことです。少子化の進行で教職員数が「自然減」（3章58頁参照）することも考えれば、日本政府の財政力をもってすれば20人学級制へ踏み出すことも十分実施可能です。さらに、学級人数や教職員の数のように、様々な子どもや教育現場の実態から、その必要性（ニーズ）を充足させる教育条件の最低基準を法律において決定し、政府や自治体にその財政保障を義務付ける制度をつくりあげれば、日本は子育て教育の先進国となり、少子化にもストップがかけられることでしょう。「教育に人と予算を」を合言葉に、みんなの力を合わせて、ぜひ実現させましょう。子どもたちのために。

●注
1）国際経済全般に協議することを目的とし、市場主義を原則とする先進諸国34か国により構成された国際機関。国際比較が可能な教育データを毎年公表している。
2）本章での「小学校」には義務教育学校前期課程を、「中学校」には義務教育学校後期課程、中等教育学校前期課程を含む。
3）試算の内容、計算方法の詳細については、ゆとりある教育を求め全国の教育条件を調べる会フェイスブックページを参照。

第 5 章

まとめ
——よりよい未来の教育
　に向かって

山沢智樹　東北生活文化大学短期大学部

少人数学級制が今必要

1 今回の法改正の到達点

　2020年12月17日、萩生田光一文部科学大臣と麻生太郎財務大臣による2021年度予算に関する大臣折衝を経て、2025年度までに公立小学校の1学級の人数が、全学年35人以下に引き下げられることとなりました。そして、2021年の通常国会に義務標準法の改正案が提出されることとなりました。今回の法改正は、公立小学校に限定されたものです。ただし、萩生田大臣による同日の記者会見でも、中学校は「第2ステージ」とされ、小学校に続く引き下げが目指されることとなっています[1]。高等学校に関する高校標準法については、第3章でも言及されているように、現在の40人で据え置かれた状態が30年近く続いています。高校標準法についても、一刻も早い改正が待たれます。

　本書のとくに第3章、第4章から、少人数学級制の実現に向けては、義務標準法における「学級編制とそれに連動する教職員定数」のあり方が焦点となることはおわかりいただけたかと思います。今回の改正は、学級における「ゆとり」や教師の労働条件面などにも影響するかもしれませんが、あくまでも、この学級編制標準が40人から35人へと引き下げられるというものです。

　そもそも、1学級の人数が「40人以下」であっても、1学年に在籍する子どもの数次第で、1学級当たりの人数が少ない"少人数の学級"に

なることはあります。本書ではそれとは区別して、上限人数を少人数とする「少人数学級制」を求めています。

学級編制標準は本来、1991年の時点で40人学級が実現されて以降、それに続く引き下げが計画されるべきでした。しかしそれが、計画的な教育条件整備の向上が30年近くなされないで停滞し、今日に至っていると見る必要があります。さらに今後、教育条件整備を進めていくうえでは、小学校のみ35人学級がゴールではありません。今回の法改正は今後も進めていくべき教育条件整備の1つの通過点として捉える見方も必要です。

学級編制標準の引き下げによってたしかに、1学級の児童数は35人以下とされ、その分、学級数が増加することとなります。そして、増加する学級数分の担任教員も確保されなければなりません。しかし、学級数が増加して、その分増えた学級を担任する教員が増えるということだけでは、第4章でも指摘されているように、教職員の働き方が大きく改善されることにはつながりません。

学校に本当の「ゆとり」を生み出すためには、これと併せて、第3章でも説明されているように教職員定数に関する「乗ずる数」についての改善も求めていく必要があることを忘れてはなりません。

さらに、学校現場にとっての少人数学級制それ自体の必要性については第2章で、グループ学習やICT端末の使用、「指導上の課題」を抱える子どもや特別なニーズのある子どもへの丁寧な対応、教室での「密」な状態を避けるための座席配置などの点から指摘されているところです。

もちろん、これまでも、第4章で説明されているように、実際の教育現場では、常勤の非正規教職員や非常勤講師も含めた教職員集団による非常に丁寧な教育実践や学校づくりの取り組みの実践例は数多く存在します。しかしやはり、恒常的な少人数学級編制や1学級当たりの児

童生徒数を考えるにはやはり、学級担任や専科などで授業を担当する教員数から考える必要があるのです。

2 だから必要、少人数学級制！—— あらゆる立場から

　少人数学級制の実現を求めていくうえでも重要なカギとなってくる、教育現場における切実さは、第1章に寄せられた「声」でとても具体的、そして説得的に述べられているところです。以下、寄せられた「声」を手がかりに、求められる少人数学級制の意義について確認しておきたいと思います。

(1) 学びの場での子どもたちの作文の読み合いから

　佐藤さんの報告は、作文の読み合いを通じて子どもたち同士で学級の仲間を理解していく実践、全員の声が聴こえる合唱、多くの子どもたちが自治活動を経験する委員会活動など、少人数学級制でより開かれる教育の可能性について教えてくれています。小規模校において1学級5人という少人数学級を経験する森さんの報告では、子ども一人ひとりにあわせて出番を保障でき、国語の授業での作品読解を通じて、子どもたちが自身の抱える葛藤を乗り越えていく様子が語られています。

　これらの「声」からも、中学校でも少人数学級制が必要であることは明らかです。

　少人数学級制に関して、「クラスの子どもの数が少なすぎる」と危惧される方もいらっしゃるかもしれません。しかし、この危惧には2つの「誤解」がありそうです。

　第1に、少人数学級制は、学級編成の際の上限人数を変えることにより、学級人数が多くなりすぎないようにするという是正です。現状においても、森さんの報告に見られるように、子どもの数自体で少人数

の学級はあり得ます。少人数学級制で企図されているのは、学級定員を「少人数」にするというよりはむしろ、多すぎる人数の学級をなくすことです。

「1学級の子どもの数が多すぎる」ということは、コロナ禍において一層明白になっています。学校再開後に、全国各地で試みられた分散登校は、現行の学級の規模では、「密」な状態を避けることが困難であることから、感染症対策の一環として生まれた1つの「工夫」でした。学校で子どもの健康と安全を守るためにも、現行の人数では多すぎることが広く理解されるようになったのではないでしょうか。

第2に、少人数の学級ではむしろ、子ども一人ひとりにていねいに向き合う教育ができるようになります。必要に応じて、学級や学年はたまた学校の垣根を越えて合同で授業をすれば、T.T.（チーム・ティーチング）による指導もできるなど、教育内容や場面ごとに指導法の多様なアレンジも可能になります。

（2）今回、35人学級制が実現することになる小学校の様子から

加茂さんの報告は、A男の言葉との出会いから、子どもの言葉に耳を傾ける重要性を教えてくれています。教師が子どもや保護者の声を聴くことに加えて、子ども同士がお互いの声を聴きあい、「ちがい」を受け入れあうことが重要です。高橋さんの報告は、3・4年生の複式学級での経験から、フットワーク軽く地域の産業について体験的な学びに出かけるなど、多くの大人や地域・社会との濃いかかわりができることを教えてくれています。

これらは改めて言うまでもないことですが、学級の人数が少ないから可能な学びというわけではありません。しかし、学級の人数が少なくなることで、こうした一人ひとりを大切にする、ていねいな実践が編み出される「ゆとり」が生まれることを期待できるのではないでしょうか。

また板橋さんの報告では、4年生の39人学級を担任した経験から、教員としての業務の多さと併せて、教室の狭さを指摘しています。教室の人口密度が高ければ、子どもたちにとっては視覚的にも聴覚的にも刺激が多くなるため、ついつい過敏に反応してしまう場面も見受けられます。こうした状況は少しでも早く改善されなければなりません。ここからも、少人数学級制は、当然求められる条件整備と言えるでしょう。

（3）学校の外側からの眼差しでも

　学校の外側からの眼差しもまた、少人数学級制実現の必要性を教えてくれています。大上さんは保護者の立場から、子どもたち一人ひとりに目がゆき届くような教育や、子ども同士がフォローしあえる余裕のある学級での教育を望んでいます。コロナ禍で、ようやく再開された分散登校では、中学生のお子さんが同級生全員とは会えなくても、勉強に集中できる楽しみを感じられたことが述べられています。

　保育士の小幡さんは、保育所もまた保育士の配置基準に関して同様の問題を抱えながら、保育所の環境から大きく変わる小学校入学後への心配を綴っています。子どもたちが自分らしく、力を発揮し生きていける少人数学級制を望んでいます。

　大学院生の寺尾さんも自身の学校体験を通して、少人数学級制によって学校の抱える問題に向き合うことができるのではないかと語ります。

　このように、改めてその意義を論じるまでもなく、何よりも今の学校をめぐる現実やそれを見つめる方々の声が、少人数学級制を追求することの必要性を教えてくれています。

3　少人数学級制の追求にまつわる課題

(1) 少人数学級制は「いま」求められる教育条件整備

　学校教育やとりわけ教職員の働き方をめぐっては、他に考えるべき課題もあるなかで少人数学級制だけを今求める必要があるのか、という指摘も見られます。それは、限られた教育予算のなかで、どの部分に重点的に配分するかを吟味すべきという「選択と集中」の考え方に通じる部分もあり、注意して見ておく必要があります。

　もちろん本書も、多くの教育条件の改善を差し置いてまで、少人数学級制の実現を求めている訳ではありません。それでもやはり、コロナ禍において1学級40人上限では、子どもの安全を守ることの困難さが明白になり、少人数学級制の必要性が浮上してきているのです。

　現在の教育政策を受けても、少人数学級制が基本的条件整備の一環に位置づかなければならないことは、第2章において様々な角度から示されている通りです。だからこそ、これも第2章で詳しく述べられていることですが、全国各地から少人数学級制を求める声が上がったのです。

　日本の教育条件整備にかかわる法制の基準は、学級編制数となっているものが多くなっています。ゆえに、学級編制標準を少なくして学級数が増えることで、教育条件整備の状況が改善されることにつながるのです。このように、少人数学級を求めることがより広く、教育条件を豊かにすることにも繋がり得るのです。

(2) 学校統廃合をめぐって

　昨今の教育政策の動向で、今回の少人数学級制の追求により影響が出て来るのではないかと思われる一場面として、学校統廃合に関する動向があげられます。

第1章の高橋さん、森さんの報告からも、小規模な学校ならではの教育実践や学校づくりの様子が伝わってきますし、今後学んでいく必要がある部分も少なくありません。

　しかし、文部科学省は2015年1月に、「公立小学校・中学校の適正規模・適正配置等に関する手引：少子化に対応した活力ある学校づくりに向けて」を発表しています（26文科初第1112号）。同手引では、学校統廃合を進める基本的視点として、学級や学校全体の児童生徒数と並んで、学級数があげられています。

　学校教育法施行規則によれば、学校規模の標準は小・中学校では12学級以上18学級以下とされています。同様に手引では、学級数について小学校では、1学年1学級以上が「必要」で、1学年2学級以上あることが「望ましい」とされています。そのうえで小学校の場合では、1〜5学級（複式学級が存在する規模）と6学級（クラス替えができない規模）の学校では、「小規模校のデメリット解消策や緩和策」、すなわち学校統廃合を検討する必要があるとされています。

　全国各地における地域の学校の統廃合に対しては、地域の学校を守ろうとする住民運動も起こっています[2]。今回の小学校での35人学級実施を皮切りにしてさらに学級編制標準の見直し、少人数学級制の実施が実現されていくことで、各学校における学級数にも影響を及ぼすことになります。

　例えば各学年児童数40人ちょうどで計240人の小学校では、1年生は2学級、2〜6年生は各学年1学級ずつの計7学級です。それが、35人学級制となれば各学年2学級の計12学級となり、教員は約2倍に増えることとなります。

　これまで学校統廃合を進めようとしてきた議論も、少人数学級制の進展と併せて再考せざるを得ないでしょう。

（3）少人数学級制が切り拓く教育実践と学校づくりの新たな可能性

　第1章の「声」や、第2章における分析から、少人数学級制の推進（差し当たっては、小学校における35人学級の導入）による「ゆとり」が強く求められていることがおわかりいただけたでしょう。

　ここで改めて、少人数学級制の進展、将来的には20人学級が実現していくことで生まれる教育実践や学校づくりの新たな可能性について探ってみたいと思います。

　第1に、物理的に教室が広くなることをあげることができます。このことは、コロナ禍での一斉休校からの学校再開後における分散登校の折に、すでに広く経験されているところです。このことにより、教室内での不必要な密を避けることができ、子ども同士で過敏に反応してしまうような状況をある程度防ぐことができるでしょう。

　第2に、教員による一人ひとりの子どもに対する、より丁寧な指導が行いやすくなることをあげることができます。これも第1の点と同じく、分散登校の折に、すでに広く経験されているところでしょう。目指されるべき方向性はここで詳しく説明しなくても、すでに、第1章の声のなかで、「ねがい」として具体的に示されています。

　第3には、単純計算ではありますが、教員が一人ひとりの子どもにかかわる時間の総量を減らすことをあげることができます。ただし、2つのことを断っておく必要があります。その1つ目は、第2の点とも関連しますが、担任する学級の子どもの数が少なくなることで、一人ひとりにより多くの時間を割くようになることは想定されます。この場合は必ずしも総量を減らすことにはならないかもしれませんし、却って増えることすらあるかもしれません。そこで2つ目に、「乗ずる数」の改正を併せて考える必要があります。第3章、第4章で詳しく述べられていますが、「乗ずる数」の改正を以て一校当たりの教職員総数（とくに担任外教員）が増えることで、「空きコマ」の確保や、校務分掌の負担軽減もでき

るようになります。ここまで併せてようやく、教職員の働き方に「ゆとり」が生まれる可能性が出て来るのです。

　そして第4に、少人数学級制の実現により新たに獲得し得る教育条件を、子どもたちの教育を受ける権利を十分に保障するために、個々の学校としての工夫（学校づくり）が求められます。この新しい学校づくりは、創造的な挑戦です。子どもの教育に携わる教職員集団（学級数増と「乗ずる数」の改正により増えた）、保護者や地域住民も交えて学校について考え直す機会と位置付けていくことも重要です。

　これまでも、多くの教育実践や学校づくりは、教職員たちや子ども、市民、研究者による創意工夫の積み重ねによって、その時々の教育条件や社会状況に対応・改善しながら、発展してきました。少人数学級制を求めていく際にも必ず、それに呼応した実践が生み出されてくるでしょう。

④ まだまだ進めたい少人数学級制

　小学校の学級編制標準が今回40人から35人に引き下げられることは、さらなる条件改善を求めていく必要もありますが、非常に大きな動きです。それは、文科大臣をして「第2ステージ」と言わしめた中学校段階や、高等学校段階での少人数学級制の実現にとどまるものではありません。就学前段階においても同様の改善が求める流れや、第4章でその方法が示された20人学級制をめざして改善させる流れをも加速する契機となり得ます。

　また、子どもの教育条件のさらなる充実をめぐっては、学級編制標準の改善を求めるような全国的な議論と併せて、学級編制基準を定める地方自治体段階における議論も進めていかなければなりません。

　議論を広げていくにあたっては、第3章で解説されている法制度の

しくみを学び、現状と課題について理解することが欠かせません。そして、第4章で示されている、本格的な少人数学級制の実施がもつ可能性、実現のための課題や展望について議論を深めていく必要があるのです。

付記：本稿は、JSPS科研費JP20K22259の助成を受けた研究の成果の一部である。

●注
1）萩生田光一文部科学大臣の記者会見（2020年12月17日）でも、「小学校全学年で35人という新たなスタイルを作ることができました。決してこれで終わりではなくてですね、第2ステージに向けて、引き続き、努力をしていきたい」。そして、記者からの質問を受けてさらに「中学校においても少人数学級の必要性はあると思っていますので、そういった努力を続けていきたい」とも述べています。https://www.mext.go.jp/b_menu/daijin/detail/mext_00121.html, last visited 24 January, 2021.
2）詳しくは、山本由美編著『小中一貫・学校統廃合を止める：市民が学校を守った』（2019年、新日本出版社）や安達智則・山本編著『学校が消える！：公共施設の縮小に立ち向かう』（2018年、旬報社）など。

文献資料紹介

わたなべ あや
渡邉 綾
一橋大学大学院博士後期課程・日本学術振興会特別研究員（DC２）

　少人数学級の議論で着目すべき点は「学級」が焦点であることです。これまでも少人数指導やティーム・ティーチング（TT）など、より教育効果の高い指導や児童生徒への細やかな配慮のためのさまざまな施策が行われてきました。また複数担任学級やチーム学校など、教職員１人当たりの児童生徒数を少なくする対応も行われています。

　しかし、それらの施策を踏まえても少人数学級が求められています。学級は日本の学校教育制度において児童生徒の学習や学校生活の中心であるとともに、教職員の労働環境や公教育費負担の側面から教育行政・財政にいたるまで重要な役割を担っているからです。

　以下では、多角的な視点が求められる少人数学級をめぐる論点を関連書籍とともに紹介します。特に近年の動向を捉えるために2000年以降の文献を中心に選びました。また手にとりやすいよう書籍やWEB上で確認できる論稿を中心にとりあげています。

（1）　少人数学級に期待される教育効果の検討

伊藤大幸・浜田恵・村山恭朗・髙柳伸哉・野村和代・明翫光宜・辻井正次（2017）「クラスサイズと学業成績および情緒的・行動的問題の因果関係─自然実験デザインとマルチレベルモデルによる検証─」『教育心理学研究』第65巻 第４号, pp. 451-465.

中室牧子（2017）『少人数学級はいじめ・暴力・不登校を減らすのか』RIETI Discussion Paper Series 17-J-014.

妹尾 渉・篠崎 武久・北條 雅一（2013）「単学級サンプルを利用した学級規模効果の推定」『国立教育政策研究所紀要』第142集, pp.161-173.

田中隆一（2020）根拠を活用した教育政策形成へ向けて─自治体教育データを用いたクラスサイズ縮小効果の検証─」『社会保障研究』第５巻第３号, pp.325-340.

山崎博敏編（2014）『学級規模と指導方法の社会学─実態と教育効果』東信堂.

　近年、科学的根拠（evidence）に基づいた教育政策が求められており、教育改革を行う上で、教育効果の測定、検証、予測は重要な指標となっています。とくに教育政策として少人数学級を実現するには、高い費用対効果が期待されます。少人数学級に教育効果があるのか／ないのか、また効果があるとすれば、どのような子どもに、どのような効果が、どれくらいあるのか、といった点が重要な論点となっています。

　特に教育効果として学力・テストスコアの上昇が注目されています。ただし、家庭背景や学年、地域、学校の児童生徒数、授業や指導の方法など、児童生徒や学校の状況はそれぞれ異なります。そのため、各要因による効果のちがいなどを踏まえて、学級規模と学力上昇との因果関係の検討が行われています。近年の研究では、学級規模と学力の関係が明らかにされています。例えば、学級規模の縮小は小学校児童の学力の伸びに効果があること、算数のテストスコアに対しては就学援助への申請や受給をしている児童の方が学級規模縮小による効果が大きくなることなどが確認されています（田中　2020）。

　学級規模と学力の関係は諸外国を中心に様々な実証研究が行われていますが、統一的な見解がみられていないことも指摘されています（妹尾など　2013）。それぞれの効果の測定方法や要因の違いを精査し、慎重な検討が必要です。また短期的な学力上昇は少人数学級に期待される効果の一部でしかありません。学級規模が児童生徒の学習に与える影響は限定的ではあるが、教職員の学習指導により大きな影響を与えているという結果もあります（山崎編　2014）。また少人数学級には小学校の不登校減少効果がある（中室2017）など、子どもの行動変容についても効果が実証されています。少人数学級といじめや暴力との因果関係は見られていません（中室　2017）が、学級規模の拡大が、教師からのサポートを減少させること、児童生徒の友人関係相互の援助行動の減少をもたらすこと、児童生徒の抑うつを高めることなどが明らかになっています（伊藤など　2017）。少人数学級はいじめの減少を期待することは難しいですが、トラブルが発生したときによりサポートしやすくできる可能性があります。

　少人数学級は学力上昇などの児童生徒への直接的な効果と合わせて、教職員の指導

や学級運営などの改善による間接的な効果についても適正に評価することが求められます。

（2） 少人数学級実現による教職員の労働問題の解決

青木栄一（2013）『地方分権と教育行政: 少人数学級編制の政策過程』勁草書房.

堀内孜編（2005）『学級編制と地方分権・学校の自律性』多賀出版.

内田良・広田照幸・高橋哲・嶋﨑量・斉藤ひでみ（2020）『迷走する教員の働き方改革
　　──変形労働時間制を考える』岩波ブックレット.

山﨑洋介・ゆとりある教育を求め全国の教育条件を調べる会（2017）『いま学校に必要
　　なのは人と予算──少人数学級を考える』新日本出版社.

山﨑洋介・ゆとりある教育を求め全国の教育条件を調べる会, 2017,『いま学校に必要
　　なのは人と予算──少人数学級を考える』新日本出版社.

少人数学級の実現には、教職員数の増員・確保が不可欠です。

日本の教育財政制度において、学級数は基本的な教職員定数や教職員給与費の算定の基盤となっています。そのため、少人数学級の増加によって学級数が増えれば、求められる教職員数も増えます。少人数学級は教職員の長時間過密労働の改善、正規教職員の増加による身分の安定化、ひいては児童生徒へのゆとりある関わりを可能にすることも期待されています。（山﨑　2017）。

少人数学級は教職員の増員によって1人当たりの職務内容の減少が期待できます。一方で少人数学級によって教職員の給与の体系は変わりません。少人数学級におけるよりよい教育を実現するためには教職員の給与改善も合わせて考える必要があります。たとえば、近年の教職員の給与の問題には給特法（公立の義務教育諸学校等の教育職員の給与等に関する特別措置法）の改正があります。

2019年に給特法が改正され、2021年度より自治体単位で「一年単位の変形労働時間制」が導入可能になりました。「一年単位の変形労働時間制」は、業務の繁閑に応じ勤務時間を配分する制度です。閑散期から繁忙期へ労働時間を付け替えるため、形式上残業時間は発生せず、割増の残業代は支払われません。授業準備や児童生徒・保護者への対応、部活動・クラブの指導など、教職員の職務内容は複雑で明確に区分することが難しく、業務時間外に要請されることも少なくありません。教職員の労働時間は減少せず、労働時間に見合う給与も支払われていないのが現状です（内田など　2020）。

教職員の労働問題解決は少人数学級における教職員確保、教職員の質の高い指導のための基盤です。とくに教職員の給与をめぐる問題には、教育費の地方負担の大きさと、地方の財政難が関係しています。2006年以降、義務教育費国庫負担金は1/2から1/3と縮小し、地方の教育費負担が大きくなりました。地方の財政難を背景とし、人件費として教職員の給与が抑制される傾向にあります。少人数学級でより質の高い教職員の指導を発揮するには、国家的な教育費負担の検討が必要です。

（3）　日本の学級の特性を生かすための少人数学級

桑原敏明編（2002）『学級編制に関する総合的研究』多賀出版.

柳治男（2005）『〈学級〉の歴史学』講談社.

少人数学級の費用対効果や教職員の労働問題などの議論の基盤は、国家の教育財政、教育の公費負担の不十分さにあります。現在、地方自治体の独自判断で少人数学級の実施が認められていますが、少人数学級の実施によって発生した費用は都道府県が負担しています。現状の少人数学級は都道府県の財政努力で成り立っており、国による学校教育の環境の改善として少人数学級が求められています。

以上は主に財政の側面からの議論です。しかし、少人数学級は日本の学校・学級制度の特性を踏まえても重要な改革です。日本における学級は、学習集団である以上に生活

共同体であることが強調されてきました。日本の学校制度においては1891年にそれまでの修得主義の等級制から履修主義の学級制となりました。大正時代に「学級文化活動」が導入されたことで、学級には学習以外にもあらゆる生活機能を包含した村落共同体の論理が持ち込まれるようになりました（柳　2005）。現代でも、「今後の学級編制及び教職員配置について（報告）」（教職員配置の在り方に関する調査研究協力者会議2000）において学級は生活集団としての機能を主として位置づけられ、学習集団とは区別されています（桑原編2002）。

　生活共同体としての日本の学級の特質を踏まえれば、生活の基盤となる学級自体の環境改善が求められているといえます。既存の少人数指導などの個別の学習時間での小人数化では限定的な働きかけなのです。少人数学級は児童生徒の生活基盤である学級自体をする点で他とは異なる施策です。

　少人数学級は、学級編制基準を変えることで、教育行政・財政、教職員の働き方、児童生徒の学校生活を根本的に改善することが期待されます。すべての人が権利として義務教育を受ける以上、国家的に質の高い教育環境を保障することが求められます。少人数学級は、現状の学校教育をめぐる財政、教職員の働き方、児童生徒の学び方の改善策として国家的に取り組む必要があります。

　一方で、教職員の給与の問題のように、少人数学級の実現だけでは解決しない問題も残されています。少人数学級が効果を発揮できる条件整備も合わせて考えていく必要があります。

注
（１）桑原編（2002）では、学級編制の原理・歴史研究（第1部）以外にも、政策・予測研究（第2部）、比較研究（第3部）、効果研究（第4部）と広範な議論を行っています。

あとがき

　新型コロナウイルスの流行は、日本の学校・学級が「密」で感染リスクが高く、他の先進国と比べて大きく遅れた劣悪な教育条件にあることを知らしめることになりました。

　それをきっかけに、少人数学級を強く求める多くの人々の声・運動が、全国各地で起こりました。

　第1章に書かれた「声」は、どれもが切実で実感のこもった少人数学級を求めるものです。

　第2章から第5章、文献紹介では、少人数学級実現の現実味と必要性を、具体的な根拠を持って紹介してくれています。

　私自身、高校教師時代、様々な人数の学級で授業や学級担任をしてきました。最も人数が少なかった学級は7人でした。20人台の学級でも何度も授業をしてきました。少人数の学級では、授業を行っている時、集中力の途切れた生徒に穏やかに授業への参加を促すことができ、討論や発表も全ての生徒の出番をつくって行うことができていました。

　しかし、都市部の40人学級ではそうはいきません。授業中におしゃべりしている生徒がいたら、大きな声で厳しく注意しなければなりません。討論もグループ討論と全体討論の組み合わせで行うしかなく、討論の時間が限られたものになってしまっていました。発表にいたっては全員が行うには、何時間もの授業を使って順番に行っていくか、グループの代表にしてもらうという形しか取れない現実がありました。

　一人ひとりの子どもの条件に合った教育の保障が言われる時代に、大勢の人数で一斉に、違いを認めずに授業を行っていくということで良いのでしょうか。

　もちろん、一人ひとりの違いに合わせてということだけを考えていると、自分とは異なる性格や育ち・環境にある他者と生きていく社会で

やっていくための基礎的な経験を失ってしまう危険性が生まれてしまいます。

　感染症の大流行は、今後も10年程度の間隔で起こってくる可能性があります。未開の地への開発による新しいウイルスとの遭遇。グローバル化と都市化による大流行。そんな事態が起こった時の備えとして、オンライン（リモート）では培うことのできない、他者との関わりや協働を行える少人数学級（リアル）が必要になってくると思います。

　「35人学級」では残念ながら少人数学級とは言えません。4月からの35人学級の開始をきっかけに、本格的な少人数学級づくりへと流れをつくっていく必要があると思います。

　本書は、そのことを願い、目指しての緊急出版本です。

　本書の編集を担っていた教育科学研究会常任委員の神原昭彦さんが本年1月13日に急逝されました。小学校教師をされていた神原さんは、少人数学級実現の必要性を強く感じて、本書の出版に尽力されていたのだと思います。突然の別れが残念でなりません。

　ぜひ、誰もが望む少人数学級を、早急に実現させていきましょう。本書で紹介されているように、少人数学級実現のための条件は実はそろえることが可能なのです。

　緊急出版した本書が多くの方に読まれ、35人学級から本格的な少人数学級制へと、大きな流れが生まれていくことを執筆者一同願っています。

　本書の実現は、直接執筆はしていませんが、編集実務の中心になられた久冨善之さんの力なしにはなしえませんでした。感謝いたします。

　また、出版事情が厳しい中、本書の出版企画を快諾し、出版実現までの過程で尽力してくれた旬報社の熊谷満さん、粟國志帆さんにも感謝いたします。

編集者を代表して
教育科学研究会副委員長　池田考司

■ 執筆者（掲載順）

鈴木大裕（すずき・だいゆう）
教育研究者／土佐町議会議員

板橋由太朗（いたはし・ゆうたろう）
東京都公立小学校主幹教諭

高橋公平（たかはし・こうへい）
北海道江別市小学校教諭

佐藤光音（さとう・あきね）
中学校教諭（音楽科）／声楽家

加茂 勇（かも・いさむ）
小学校教員／公認心理師／教育科学研究会全国委員／発達障害と教育部会世話人

森 亮介（もり・りょうすけ）
竹富町立小学校

大上由紀子（おおうえ・ゆきこ）
都内公立中学在校生保護者／「武蔵野の教育を語る会」メンバー

小幡幸拓（おばた・ゆきひろ）
宮城県保育関係団体連絡会事務局長／宮城県仙台市内にある 120 名規模の民間の認可保育園副主任

寺尾昂浩（てらお・たかひろ）
東京学芸大学大学院連合学校教育学研究科院生

清水睦美（しみず・むつみ）
日本女子大学人間社会学部教育学科

久保富三夫（くぼ・ふみお）
和歌山大学名誉教授／立命館大学プロジェクト研究員

山﨑洋介（やまざき・ようすけ）
ゆとりある教育を求め全国の教育条件を調べる会

山沢智樹（やまざわ・ともき）
東北生活文化大学短期大学部

渡邉 綾（わたなべ・あや）
一橋大学大学院博士後期課程／日本学術振興会特別研究員（DC 2）

池田考司（いけだ・こうじ）
北海道教育大学講師／教育科学研究会副委員長

■ 編集協力

神原昭彦（かんばら・あきひこ）
教科研常任委員

久冨善之（くどみ・よしゆき）
一橋大学名誉教授